玩不转微博

微博使用宝典

马剑 许海平 著

五洲传播出版社

微博营销传播研究院

Speech

微博感言 SPEECH

老沉：纯转发

医生哥波子：我不会喝酒但我可以悟出喝酒的好处在于：使人变回人。微博的道理亦在此。或者这么说吧：此人非彼人，人非人，喝酒之后人变人。

陈志列：开始不会写微博，同事让我把手机也绑定微博，在电脑上敲字对于我们这一代已经是一个习惯了，改变一个习惯还真的挺不容易的，努力向年轻人学习。以后咱也用火星文写写博客啥的。点了一下自己的标签"90后"看了一下，我居然是和芙蓉姐姐在一个分组里！很惊喜。

樊建川：蜷在安仁镇乡坝头，闷头当馆奴八年了，与外头有点隔阂。好在，整了一年多微博，交了十来万朋友，他们很舍得说，大声武气发了十来万评论，大多数同学都发言了，我也尽力回了七千句。二千条微博，等于，二千次聚会，太节约了，太方便了，太好耍了。

郑渊洁：2005年11月16日我开始写博客，至今每天都更新。后来有了微博。开始时，我的微博是我的博客的附属品。现在，我的博客成了我的微博的附属品。我从加油好男儿变成了快男。我期待每条不能超过20个字的纳米博诞生。我写微博真正快乐的深层次原因：我有两千万字的作品垫底。我可以放开了过寸有所长的生活了。

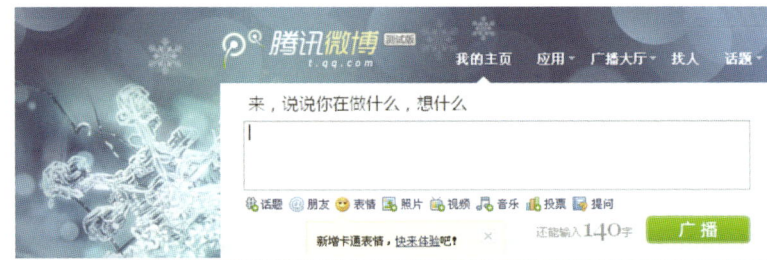

 **爱国者冯军**：左脑看，微博只是一个短文日记；右脑看，它创造了一种全新的沟通和交流方式；左脑看，微博是一个免费的新老朋友沟通的平台；右脑看，微博是中国创造全新的创业平台。

 **谭湘2011**：就个人而言，微博介于真实与虚拟、当真与不当真之间。太当真了它让人痛彻骨髓，不当真了它偏偏如影随形。惊涛骇浪，云淡风轻，瞬间凝思，八面资讯以及嬉笑怒骂都是它的表现和能量。孤寂时它是一份温暖，疑虑时它是一份包容，新老朋友的心和手触摸着人。因此，哪怕一瞥关注的眼神于人也是一份牵挂。

中一在线："微博公文"的诞生,被誉为2.0时代的电子政务,走在了全国乃至世界前列。"微博公文"不但具有方便快捷的优势,更重要的是它具有公开透明,实时与市民互动功能。政府部门在社会管理创新中,微博公文让市。

杨乐渝：微博之于我,就是工作与生活不可或缺的一部分。全经联近两千名老总级的会员,分布在五湖四海,其中有五百多会员有新浪、腾讯、搜狐的微博,微博让天涯变咫尺,组成了全经联会员们的网上大家庭,每个成员的思想、情感在这里汇集、互动、激荡,让我们更紧密、也更有力。微博就是上天赐给全经联组织的最好礼物。

范以锦：玩转微博三原则：政治话题严肃点，生活话题轻松点，搞笑话题幽默点。严肃话题撞出思想火花，轻松话题积淀人生经验，幽默话题舒筋活络益寿延年！

郭晏平：玩转围脖并不难，熟记段子是关键，人名地名与事件，顺藤摸瓜别瞎编，大腕发帖你沾边，粉丝求转甽酌转，原创抓住快准狠，心灵鸡汤经常灌，再有一个须切记，想红莫怕唾沫淹。

费明微博：微博已经被许多人玩转了，但还有要出书，说明必有高论，就像人人都会做饭，但仍然有无数的烹调书一样，就我个人的认识而言，要想成为微博高手、粉丝无限，那必是在他的微博里闪烁着独特的智慧光芒，别无他法。

魏博：小的时候妈妈亲手给织的一条围脖抵御了寒风的凛冽；13岁时通过微波认识了普拉蒂尼；26岁时用微波炉取代蒸锅给爸妈热馒头；36岁时拜读了马克斯·韦伯的著作进一步看清了资本主义的本来面目；42岁时开通了微博，旋即被粉丝河北解放勒索羊肉串若干。微博链接着男女老少，微博分享着喜怒哀乐。

槐中居士宋伟：微博让我知道了啥是奇怪的人和奇怪的事。微博让俺享受和陶醉。微博上有自产自销地，有批发零售的，有二道贩子，更有假货倾销地。

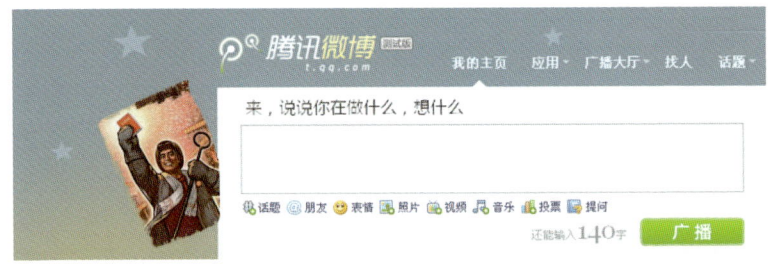

郭洪钧 - 大文化：《玩转微博之侠客行》微博是老少咸宜口味时尚的新品家常菜；微博是闲来无事闲情逸致的自调鸡尾酒；微博是"仗义"执言拔刀"相助"的好汉擂台赛；微博是"公开"窥视他人"隐私"的惬意万花筒；微博是随时随刻随心所欲"口出狂言"的迷你泄愤器；微博是直来直去直截了当"行走江湖"的全能直通车；微博是自家学说本家门派"发扬光大"的独家云媒体；微博是自娱自乐自赏自慰"自吹自擂"的燃情丽舞台……………（好玩好乐，请君笑纳！）

琅公：微博改变了一切，微博也改变了我的生活习惯。我以前的新闻来源是电视和报纸，现在我的新闻主要来源微博。微博的互动活动和话题，号召博友参与讨论，提高趣味性和互动性，软性植入客户信息。增强了关注度、参与热情。有人的地方就有需求，有需求就有市场，有市场就有营销，有营销就玩转微博，玩转生活。

海楠导：微博是一个公开的社会交流平台、大舞台，每个人都有自己的角色，至于你要演什么角色，就看你的立场与演技了。

松冈：什么是微博？有的时候好似你离不开它、你总会惦记着它，有的时候你会对它发脾气、发誓不理它。可事后你总能说服自己又回到它身边，这是为什么呢？哈哈~原来它是你内心深处的好友，是交心好友。它会把这个世界的距离、把久违的朋友之间的距离瞬间拉近，相互的关爱，相互的激励，让微薄把爱的光环、阳光洒满人间。

青城派掌门刘绥滨：微博我玩的时间不长，还玩不转，但感觉有用：是与各界粉丝认识交流的平台，互相促进，共同成长；是对写作和心态的一种修炼，积累素材，完善自我。

车径行：记录生活、记录心情、记录精彩、记录岁月……记录生活的点点滴滴、记录岁月的分分秒秒。每个人都是中心，每个人都是中国脉搏的思想，分享无处不在的快乐和感动，揭露犄角旮旯的污秽和肮脏，领略人生的智慧和真谛，寻找生活的乐趣和甘甜，谁说我们人微言轻？个人的力量不再微薄，我们都在快乐滴织"围脖"。

宗贵升：微博实现了品牌与用户的互动。

DOMINO米诺床垫-秦邦：我不知道互联网的未来会出现一种什么样划时代的产品，但微博毫无疑问是目前最便捷最高效最有趣的网络平台，微博，不仅仅是一个互联网产品，更是我们很多人生活中不可或缺的一部分。我可以通过微博了解到世界前一秒发生的新闻故事，可以了解到社会人生百态酸甜苦辣，同时，大家也可以通过微博了解到我。

黄岳南：站在营销的角度，我认为微博最有价值的部分是关系，如何通过微博建立关系和利用关系开展关系营销是微博营销应该重点探讨的话题。

 张仙客：有一次在机场，看见三个潮男女时而低头私语，时而勾肩搭背，且每隔十分钟就有一人低头摆弄手机，神情之专注，手指之灵动都远超手机短信一族，不禁心中暗生疑窦，多年爱国影视剧教育已经给我培养我一定的侦查能力，我不动声色，假借买杂志渐渐接近之，并且打开录音笔准备录下关键证据，再后来，结果你们都知道了，我也开始玩微博了……

 乔汝：时间、时空、她、世界、人类、人生……，现在、将来、过去……，还有你、你们、我、我们、他、他们……，这一切的一切，我在思索，在思考，在思想……

金乾生：没人把玩当正事。但自从有了微博，这个传统就被改变甚至被颠覆。营销自己的机智、文采、幽默，他的工作所得、生活所悟、居家所乐、情趣、舞姿，微博方兴未艾，微博能给自己和别人带来教益与惊喜。

林渊的世界：我上微博是被动的，秘书给我注册了一个，说有利于和员工沟通，好吧，我就开始了；嬉笑怒骂玩的高兴，忽然有一天被通知删帖了，原来有人监管呀；又有一天，微薄上有人高调私奔了，老婆发来一条私信，"别打情骂俏啊，除非想私奔"，哦，看来管我的人不少；另外员工们虽然都成了我粉丝，可怎么不发言了？我可没管他们呀。

张玉春：2010-4在安徽拍《徽骆驼》时受@任程伟@杨烁 @演员郭虹的诱惑注册新浪微博，一年多，结识了诸多新朋友，挖掘了很多老朋友，这种用手机随意记录生活的方式丰富了生活，据说年底前新浪微博发展要超过2亿用户，你说微博有多大的诱惑力，博友的力量超乎人们的预料，有人还成立了微博营销传播研究院。很爽！

郑文东：微博是我师，是我友，是我情人，是我知己！在我需要知识的时候，她会及时的教给我！在我孤独寂寞的时候，她会耐心地倾听我的述说！在我需要安抚的时候，她会紧紧地拥抱着我！在我夜晚无眠的时候，她会和我彻夜畅谈！我喜欢她，呵护她，拥有她！

程鹤麟：世人都说微博好，惟有自恋忘不了；名将美人在何方？个个都在微博了。世人都说微博好，惟有自慰忘不了；想拍板砖拍板砖，拍完板砖爽毙了。世人都说微博好，惟有自大忘不了；围观起哄架秧子，看完热闹没事了。世人都说微博好，惟有自由忘不了；关注拉黑都在我，天王老子管不了。

高尔夫伯爵：微博赢销：起个好记好写的微博名方便人家转发，多转发热门新闻，多和更新微博快的人交流，多写人生哲理的微博，微博文字写少点方便别人点评并转发！

**烟斗客blog：**微博是历史纪录上的第一次，微博是自由体，微博是及时雨，微博是挖掘机。自从盘古开天地，三皇五帝到于今，有过这样的传媒么？24个月光阴飞去，天下百姓舞动了每人的两只手，长驱直入，纵横国内外，微博已成为生活中不可缺少的一道菜。微博，你伤不起，锦上添花，摧枯拉朽，无处不在，无时不有。有木有？

夫可贯祥：懂与不懂都是传播人、愿与不愿都会被监督、好与不好都要负责任、躲与不躲都会被找到、说与不说都有人围观、做与不做都留下记录、俗与不俗都有人关注、爱与不爱粉丝和你同在！转发与评论你会很在乎，私信与通知专属你个人，跟谁打招呼你就"@"谁，如果有加"V"你就是唯一！亲们，你懂的。

王茁委员：现在信息传播最快的渠道就是微博，能说真话和发牢骚的地方也是微博，我喜欢微博，因为微博是我另一个畅游的空间。

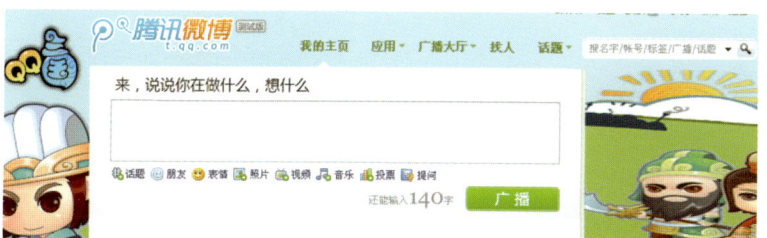

凤凰李炜：一个好商人必须有"见面熟"的性格，敢于跟陌生人主动打招呼说话，这样才能打开局面，找到新的商机。但是，具备"见面熟"性格的人依然是少数，因为中国儒家文化要求我们行为检点，谦虚不张扬。但是，全球一体化的今天，沉默寡言的性格一定会被社会淘汰，如何传承中华文化的传统，又能适应现代潮流呢？"微博"解决了这个矛盾：异地相遇的陌生人，但是，心里感觉对方都是老朋友，因为"微博"上已经多次思想交流，"面生的人"已经成了"面熟"老朋友了！不是吗？

金健 power：用最少的字最短的时间，向最多最靠谱的人表达最想表达的心事；对于时间紧张、缺乏交流、渴望信任的现代人来说，微博就是最让自己信任和满意的情人，话少省时间还特体贴特来事过瘾……。粉丝是给外行看的（最好别掉）；关注是给自己看的；私信是给朋友看的；微博是给大家看的；评论是给……看的

微博营销传播研究院

有什么新鲜事想告诉大家？   你还可以输入140字

简介

微博营销传播研究院成立于2011年6月，是微博营销整合的"智库"，微博营销、交流的专业平台，本院广纳微博营销人才，合力打造"专家免费宣讲团"，研究微博传播规律，为企业、政府机构推广微博理念，传授微博营销技巧，打造整合营销模式。本书为本院成立以来编撰的第一本微博营销类书籍，第二本微博营销专业书籍已在紧张编撰和采访中，敬请期待。

😊 表情　🖼 图片　📹 视频　🎵 音乐　💬 话题　📊 股票　　　发布 ▶

Foreword

前言 FOREWORD

我与微博的不解之缘

大概是在 2009 年 9 月底，新浪的工作人员给我打电话让我开通微博。当时我是新浪博客的用户，也算是名博吧。在这之前我经常更新博客，文章以幽默讽刺见长，那时候每篇博文都会被推荐到新浪博客首页和新闻首页，文章被多家报纸杂志转载。2009 年我在一家旅游周报工作，比较忙，因此荒芜了博客。这时候让我开微博，我首先就是抵触。听说微博是微型博客，最多 140 个字，总认为他不能充分表达自己的思想，对于我这样一个喜欢写长篇大论文章的人来说，140 个字不过瘾。那时候也会在新闻里看到关于姚晨、欧阳奋强在微博上的一些消息，大致就是说有很多很多的粉丝追捧，但却一直没有引起我的兴趣。

看在朋友的面子，我答应了要开通微博，对方也给我布置了任务，当时觉得她是多此一举，我都开了，写与不写是我自己的权力，我有空就写，没空也就不写了。当时还认为微博应该用"写"而不是"发"。

一天五条完任务似得在早上上班前赶紧完成，至于什么叫粉丝关注转发什么的基本不懂，甚至我还自作聪明地删除了一些粉丝。还觉得微博应该和博客一样，只要到了对方的主页我就能留下脚印。现在想想那时候十分可笑。

2009年12月中旬，我所在的报纸把我辞退了（确实是辞退，而不是辞职）。这期间想的最多的应该是找个工作。但已经到了年底，实在不好找相应的工作，我就宅在出租屋里上网，这时候才想起还有微博这个东西，我试着上去看看，说实话也是在研究这玩意到底有什么好玩的。

到了 2010 年元旦，经过十几天的摸索，对微博的功能还是了解了一些，无非就是发一些无病呻吟替古人担忧的文字，但让感到兴奋的是，那时候微博的用户有很多和我一样的媒体人，其中不乏各媒体的总编辑们，我认为我的新工作即将从这里找到突破口，我试着和他们搭讪，因为同是媒体人的缘故，他们都比较热情，这让我受宠若惊。

在这期间我参与了一起救助活动，就是"铊中毒女孩"事件。我当时联系了还没有开通微博的广东省卫生厅副厅长廖新波。那个晚上真是惊心动魄，廖新波在飞信里告诉我说他已经联系好了医院，将全力以赴地救助女孩的时候，我心砰砰直跳，不相信在一个小时内会有这么大的效果。我把他说的话复制到微博上，引起了上万人的欢呼，我也感觉到幸福充斥在我的心中！**那是很幸福的事情，微博让我第一次参与救人**，那天晚上我兴奋得睡不着觉，在QQ上、飞信上、MSN上找还在线的好友，一遍一遍和他们说我的幸福，他们都被我弄得莫名其妙，好几个朋友打来电话问我是不是喝酒了。

这件事过去后，有电视台和报纸的采访，微博上也小有了点名气，很多媒体向我伸出了橄榄枝，我权衡再三去了天津的一家杂志。**开始做第一次选题：《围脖.com》**。这个选题，我直接运用微博开始采访，从媒体人到官员，一共用了不到三天的时间。文章刊登后引起很大的反响，社里对这篇很满意，我终于可以稳定下来，不用再为工作发愁了。

我开始负责杂志的专题，从策划到采访，几乎都是从微博上寻找素材，有了微博，我感觉我的策划变得简单多了，即使有了困难找几个媒体同行微博上一交流，立马会茅塞顿开。那时候做专题就是个享受。以前在旅游周报的时候，采访名人特别困难，打电话给他的秘书，秘书说要等，等了好几个礼拜，秘书说只能给你资料，只好用他们给的资料来堆砌文字，那些文字让人头疼，基本都是吹捧和显摆，没有一点真实性可言。有了微博，采访变得异常简单，想采访谁直接私信过去，如果他没有时间接受我们的采访，就直接在私信里提几个问题，而对方也乐于运用这个方式来接受采访。

烦人的采访工作被简化了,工作变得轻松有趣。

逐渐微博强大的社交功能显现了出来,通过微博我结交了众多的好友,媒体的、企业的、政府的,都成了好朋友,相互帮忙成了微博上最大的亮点,每个人都在寻找好朋友,找自己感兴趣的话题。

2010年国庆期间我和美域话剧团共同策划了新浪微博第一个大赛——"微剧本"大赛。因为之前沉淀了很多朋友的资源,这次大赛办的非常成功,美域话剧团因为这个大赛让全国的博友都知道了天津不仅有小剧场相声,还有小剧场话剧。

在这期间我在杂志社的职位也有了变化，一周之内两次升职。先是周一社里宣布我做编辑部主任，然后在周末又开会让我兼任品牌总监。除了杂志，我们的新杂志也在微博上开始了宣传。这本以 80、90 后为定位群的杂志，在微博上以"好玩"做为宣传点，第一期五千本在两天内全部售完，后来不得不再次加印，外地读者也纷纷留言发私信要求订阅。

2011 年 5 月我开始做微博研究方面的工作，用自己的实战经验，教博友们怎样玩转微博，怎样让微博真正成为自己职场上的工具、生活的帮手、学习的好老师。

因为有了微博，从失业到找到工作，再到利用微博举办活动，让自己的工作得到提升，这期间一共用了不到一年的时间！2011年是微博元年，我相信博友们都能比我玩的高、玩的强、玩的转。

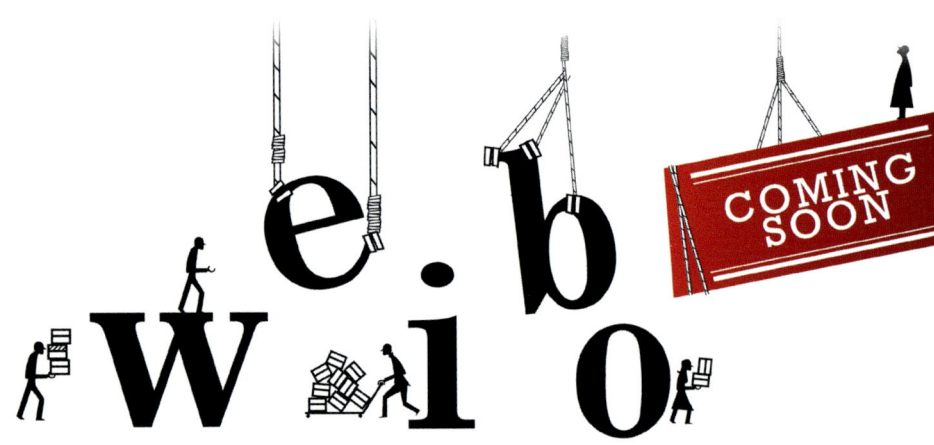

微博连着你我他

Contents

微博感言	p001
前言	p022
目录	p032
一、好玩的微博	p035
1、圈子	p039
2、看明星自恋	p041
3、看大佬吵架	p048
4、关注重大事件	p050
5、救助他人，解救自己	p051
6、直播自己	p053
7、同城聚会，拿奖品	p054
8、企业营销，省广告费	p055
二、开始微博吧	p058
1、注册	p059
2、昵称	p060
3、头像	p062
4、简介	p065
5、关注	p067
6、内容	p074
7、微博小功能	p087

三、转发与评论技巧　　　　　　p091
　1、转发什么内容?　　　　　　p092
　2、关于评论　　　　　　　　　p094
四、如何增加粉丝　　　　　　　p100
　1、互粉　　　　　　　　　　　p102
　2、多加关注　　　　　　　　　p103
　3、刷屏　　　　　　　　　　　p104
　4、提到明星　　　　　　　　　p105
　5、与网友互动　　　　　　　　p109
　6、@名人　　　　　　　　　　p116
　7、线下活动　　　　　　　　　p117
　8、公益活动　　　　　　　　　p119
　9、参加大赛　　　　　　　　　p121
　10、最佳发微博时间　　　　　 p123
　11、吸引粉丝时间　　　　　　 p126
五、官方微博　　　　　　　　　p132
　1、微博管理员必备的素质　　　p133
　2、微博上著名的官方微博　　　p134
　3、企业微博的营销　　　　　　p140
六、微博营销经典案例　　　　　p147

好玩的微博
Fun micro bo

爱表述，爱简单，爱随时随地。
爱关注名人，爱与感兴趣的人拉近距离，
爱直接沟通。
爱小事，不爱大事。
原创内容爆炸性产生，不是莎士比亚，
我是微博控。

好玩的微博 FUN MICRO BO

微博是什么？它是美国"Twitter"的中文版，2009年8月由新浪推出。微博是微型博客的简称，但是这个微博和博客其实没有特别大的关系。博客，类似我们日常写的日记，写一个小秘密给自己看；或者是为了提高的作文水平做的练笔。现在互联网浮尘那么发达，有一些东西希望写在博客上来彰显我们的文学水平，很多人都有一个文学梦，有想做作家的、做诗人的，每天忧忧郁郁，看着窗外下大雨，跑出去搂着大树哭的，然后写一首诗，发在网上，这就是博客。博客就是自己的一本杂志，一个著作。

微博是一个交流的平台，不过也可以彰显自己的文学才华，在 140 个字之内，大家尽可能的发挥自己的文化水平。文艺青年可以在上面好好地写首诗，我觉得以前的诗歌，论语什么的，它很像微博，那时候如果有微博，孔子的粉丝早就过百万千万了。

微博很好玩，**它首先是一个社交平台，然后是一个信息发布平台**。微博上可以认识各色人等，人人也是信息的发布者，人们接收信息由被动变为了主动，有了更大的选择余地。微博的信息很及时，例如玉树地震的消息，微博发布比最快的网络新闻快了半个多小时。

通过微博，我可以洞察朋友的生活状态，知道同事在干什么？朋友在想什么？家人做什么饭？这是不是件很好玩的事？可以和明星面对面，看明星如何自恋？看他们都是怎么拍戏开演唱会和日常都用什么牌子的口红、香粉、雪花膏，是不是很让人激动？和大腕探讨诸如房价、政策甚至电脑、手机、电动自行车的专业问题，是不是相当刺激？生活中、工作中遇到了问题，求助微博会有成千上万个人来告诉你，甚至操作步骤都能一步一步告诉你，是不是很方便？自己自恋一下，拍张旅游照、家居照、宠物照，一边乘车给老大娘让座，一边用手机拍下来放微博上，是不是很拉风？**帮助别人是最幸福的，这是所有好人的共同体验，所以我们也要做个好人，帮助需要帮助的人，帮不上钱的忙，转发也是一种美德，帮助了人后是不是觉得很快乐很幸福？**

圈子

微博相对论坛比较快些,所有评论都会有提示,一目了然,能更快地回复评论,了解你发言后的效果;相对QQ比较慢些,更增加了思考的时间,也让你不会因为回复慢了得罪了朋友,反正都是有一搭无一搭地在一边工作一边微博,不会考虑快慢对自己的影响。**微博有了社交的功能,我们首先关注的应该是自己的同事、朋友、同学等熟悉的人,这样就在微博上形成了一个圈子。**圈子可大可小,都是自己的朋友,说什么可以无所顾忌,可以调侃,可以正经,可以公开也可以私密,如果有小心事和朋友说,就可以用私信来交流。

比如我原先在杂志社的时候,几个编辑刚学会上微博，他们也没有认证，就是在微博上互相调侃，斗嘴，有时候也会发下小牢骚。领导是不知道这些ID到底是谁，只有他们自己心知肚明。玩的不亦乐乎。

大圈子可以是行业的，比如媒体圈、地产圈等，互加关注后就行业内某个问题展开讨论，也是比较好玩的事情。我们从来没有跟同行进行过这样的讨论，微博把所有本行业的人变成了同事一样，交流起来非常亲切好玩。

另外就是一个明星的粉丝圈，他们更是玩得风生水起。对于偶像的一点一滴他们都充满着兴奋，每一个演唱会的成功，粉丝们都奔走相告，在微博上掀起一阵一阵的高潮。

看明星自恋

明星在舞台上电影电视上都是光彩照人的，粉丝们都想知道他们在生活中是什么样的，**微博无疑成了窥视明星生活的窗口，也让高高在上的明星们有了近距离接触粉丝的机会。提升自己的形象，微博是最好的平台**

姚晨现在是新浪的微博女王，刘翔稳占腾讯微博粉丝第一。姚晨在开微博之前因为《武林外传》让人熟识，但距离一线明星还尚有些差距。微博让姚晨一举进入一线明星行列。她的大大咧咧的性格让人觉得她像邻家女孩那么可爱。她经常和粉丝互动，经常用手机自拍，也不忘自我调侃一下。她的每一次发微博，粉丝们都疯狂转发评论，大多时候，姚晨会对粉丝的评论予以回复,很亲民,很和蔼,一下缩短了心灵的距离。姚晨和欧阳奋强是最早被微博粉丝接受的明星,都因为微博成就了自己。

姚晨:打开微博,满篇都是华语电影颁奖礼的直播,真好,为得奖的每一位高兴,也慕嫉妒他们。真希望自己永远都能拍上好电影,演出好角色,这样才能每次都底气十足踏上红毯,在电影盛会中尽情欢乐。但好电影,只属于那些耐得住寂寞的人们。所以,卤蛋,请继续等待吧……

姚晨：《潜伏》重播，看了几集，嘴里跟着念那些熟悉的对白，怪了，人物感觉完全不一样。其实就是我成长了，角色也就跟着成长了。现在要是再重演一遍，定会是个不太一样的翠萍。呵呵，有趣。

王菲的微博@veggieg没有认证，根据她的关注对象和交流时的蛛丝马迹让眼尖的网友搜索出了她，她除了和老公女儿朋友互动外，也爱自拍些演唱会的照片，也会和粉丝们开开玩笑。王菲微博的最大特点就是搞怪，故意用错别字来达到搞笑的效果，让人不仅对天后的另一面有所了解。

Veggieg：都大了 都会打车打酱油了~

Veggieg：二姐五岁了 日前表示腿上起了青春痘 我当时就活活地松了口气 人家总攻提前了 再也不要担心青春值遇更年的问题了 避免了多闹的一场该尬呀！

fun micro bo

　　另外还有赵薇的微博。生女前,赵薇的粉丝一度要超过姚晨,后来坐月子暂停了一段,复出之后微博玩成了标准控,iphone4 不离手,自拍、调侃、自嘲一个都不能少,她是王菲那英的密友,他们几个经常在微博上互动,粉丝们也乐意去看她们之间的交流,对于粉丝来说,这比任何文字消息都能让他们兴奋和

激动！

赵薇：又上飞机了，百来号人折腾来折腾去有点大迁徙的意思，最好能快点飞，否则再上一次飞机的乘客火要更大了！可怜的空姐儿们！不过~我很淡定，虽然没什么理由，既没有不快乐也没有很快乐，难得这就是传说中的平静？呵呵~可能我正忙着围脖，聊胜于无吧！飞机晃了一下，咦？还是没飞？

赵薇：#随手拍支持行走的力量# 我是赵薇，我在河北！

赵薇在微博上秀丈夫和女儿在父亲节的照片：

赵薇：父亲节快乐！

看大佬吵架

一些商业大佬们也都开了微博,和博客基本为秘书代劳不同的是,微博几乎是他们自己来玩。这些大佬与明星有很大的不同,他们就行业内的诸如政策、法律、管理等话题来进行讨论,甚至会引发一些争吵,越吵越热闹,谁是谁非不重要,热闹才是硬道理。

任志强在2010年上半年由潘石屹指导开通了新浪微博。本身他不会操作电脑,只会用老式手机发短信的形式来发一些关于房价的微博,没有和博友形成互动,他自己的某些言论被人"曲解",引发了一场比较大的热闹。微博上针对房价的问题开始了一轮又一轮的争吵,当时微博上唾沫喷溅,板砖横飞。潘石屹搬着板凳坐在一旁观战,自得其乐。在潘石屹的再次指导下，任志强换了 iphone 手机，学会了怎样转发和评论，渐渐地老任开始和粉丝互动，表现尤其亲民，今年 6 月 1 日还举办了一场"任志强不退休"粉丝见面会，之前横眉冷对的形象变得和蔼而慈祥，让人刮目相看。

潘石屹：昨天，@刘春 @任志强 和我在"任志强不退休"的活动上。@刘春 的眼神有点怪。

继而引发了一场貌似小品的口水仗，参赛者有潘石屹和任志强，微博上更是流行了"丹丹体"造句，微博上热闹非凡。

关注重大事件

玉树地震、舟曲泥石流、世博会、日本地震、长江中下游干旱等一系列的事件在微博上引起了一轮又一轮的热议,微博上此类事件的关注度明显提高,2011年又有随手拍解救被拐儿童和独立候选人参选人大代表引起热议。

2011年春节期间,@ 薛蛮子 @ 于建嵘 发起的"随手拍解救被拐儿童",在微博上引起几大关注,网友纷纷行动起来,但此次行动引起多方质疑,微博打拐是否可行也是热议的主要内容。

01:被拐儿童、薛蛮子、于建嵘

02:世博会

03:日本地震

04:舟曲泥石流

05:长江中下游干旱

06 玉树地震

救助他人,解救自己

自 2010 年元旦救助"铊"中毒女孩事件后,几乎每天微博上就有需要救助的人。**我参与过三次救助,除了"铊"中毒女孩,还有:"光明一号"母亲复明,小爱爱的红斑狼疮救助接力。**另外,网友北京厨子发起的救助矽肺矿工也让人非常感动。

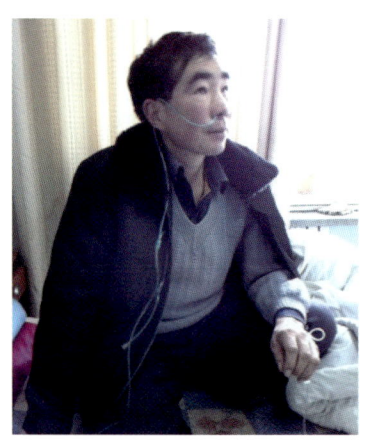

除了让人心情沉重的救助他人,微博上也开始解救自己,"随手拍解救大龄女青年","随手拍解救大龄男青年"也在微博上传为佳话。越来越多的男女青年谈恋爱搞对象,选择了微博这个载体,微博姻缘正在悄悄流行。**微博上已经有好几对情侣是通过微博交**

流而熟识,继而走进婚姻的殿堂。如果你还没有男朋友或女朋友,微博征婚绝对是一个不错的平台,加油吧。

直播自己

2010年国庆长假,我回老家,正好遇上秋收,我把秋收时的照片发在微博上,引起了很多人的围观,对农村生活很感兴趣的他们,每天都催着我上传最新照片,那次最"土"的劳动装扮,却被粉丝称为是"最真实"的解放,心里很美,这次自拍让更多的粉丝了解了我真实的一面,那七天我增加了不到一万粉丝,都是自拍带来的。2011年春节期间,我又在微博上直播农村祭祖拜年的习俗,从除夕上坟,到初一凌晨开始走家串户拜年磕头,都真实地记录了下来,生活在城市里的"脖子们"对农村拜年的习俗感到很新鲜,也算是宣传了中国的传统文化。

微博上有很多这样直播自己生活的博主们。出门旅游或者周末打扫卫生都是他们直播的内容,让别人了解自己,也可以秀一下自己的厨艺等小特长,也是让别人了解自己的一个比较好的办法,兴许因此能获得芳心也不得知。

同城聚会,拿奖品

微博上经常会举办同城聚会,除了有好吃的美味佳肴还有俊哥靓女,馋人啊。不仅这样还有很多名牌企业举办各类活动,让你玩着微博就有各种奖品拿到手。试用装、体验装、电影票、话剧票、美食卡、美容卡,甚至还有 iPad、iphone 等大宗奢侈品让你拿到手软。**拿奖品不是目的，目的就是好玩**。心想下，周末宅在家里对身体不利，出去吧没有朋友同行，是很苦恼而无奈的一件事。既然你不愿意在家里边洗衣服边上网，倒不如参加下同城聚会，有意义，可以认识很多朋友，兴许还能找到另一半呢。微博上的活动五花八门，每个周末都有很多活动等你参加，很多都是免费免单的活动，让人垂涎三尺加恋恋不舍。

比如，天津乐居经常举办"同城看话剧"活动，新浪微博在各地也举办了"微博快跑"活动，还有各个企业举办的各种活动，只要参与就有惊喜。

企业营销，省广告费

电视广告费用太高，明星代言更是价格不菲，平面广告效果不佳！微博广告省钱传播广的特点，已经有企业率先开始运作。中粮美好、诺基亚、宝马等企业已经成功运作了微博的广告传播，效果很不一般。微博是目前广告界最为划算的发布平台！

怎么样？好玩吧？微博真的很好玩，除了这些还有很多你意想不到好玩的事，比如微博有好多好多应用工具，可以测试你的前世今生，可以给自己或别人算卦……等等。微博门槛低，会用手机或电脑就会用，不需要华丽的语言，一张图片，一个字都能让你玩出花样，玩出不一样的生活。还等什么，马上注册吧。

好玩的微博

开始微博吧

Begin to micro bo

开始微博吧 BEGIN TO MICRO BO

注册微博前,很多人有顾虑,说不知道该写些什么,不知道该怎么去做,不知道这样不知道那样,反正顾虑很多。其实微就是自己的一个平台,专属于自己的社交工具,写什么真的不必去在意,随意就好,刻意去为之的东西不见得就是好东西,这在微博上有充分的体现。

微博准备

一、注册

新浪微博需要在 weibo.com 上注册,腾讯微博只需要从你 QQ 客户端上就可以直接登录。新浪微博注册时需要填写自己的邮箱,作为以后的登录名。腾讯则需要用你的 QQ 号就可以直接登录。

二、昵称

填完邮箱注册后,验证信息会到你填写的邮箱里,你到邮箱里激活就可以了,然后来完成下一步,就是填写昵称、用户资料等相关信息。

我们先来说说昵称。**微博昵称建议尽量少用英文、汉语拼音、标点符号,也不宜太长,最好用实名。**微博毕竟是在中国使用，90%以上的用户为中国人，所以用英文的弊端是对方弄不清是几个字母，难免在搜索时弄错，这样就不利于对方找到。汉语拼音和符号也是同理。**用实名的好处是，朋友一眼就能知道你是谁，另外微博ID的唯一性决定了万一你微博玩出了名堂，你的名字就是一个品牌**，如果你的名字被别人抢注了，那你就得不偿失了。昵称不宜太长，太长不容易被人记住，最好是四字以内，便与记忆。

比如在微博上有一个特别好玩的事情，或者是有聚餐，我们会用到"@"，用"@"+对方昵称发条微博，对方就能看到，然后进行回应。如果你的昵称是英文或带有符号尤其是划线之类的，就不容易被发布者记住，他就"@"不到你，你也就收不到这个信息，错失了很多好事。也许是介绍帅哥美女的，也许是让你参加聚餐的,总之就错过了很多机会。

企业微博和机构官方微博的昵称,也应该是简短的,一般都会用自己公司的简称,或公司简称加上"官方微博"。比如:美域国际、鼎韬、360官方微博、宝马官方微博、诺基亚等等。

三、头像

头像很重要,能让别人从中获取一些个人的信息,比如爱好、性格等。**好的头像能吸引粉丝的注意**。比如美女的照片、帅哥的照片、宠物的照片,花花草草和风光,这些都能体现一个人性格、素养、爱好等一些隐形信息,从而获得对方的好感,成为你的粉丝。

微博上有好事者总结了关于男用户和女用户头像的类型,虽是调侃,也不乏有些道理,说明了对博主第一直观印象就是头像了。

男用户的头像分类:

1、一寸免冠型。表情庄严肃穆,此类的人多为内向忠厚老实之人,几乎很少再重新换头像。

2、双手放在胸前,一副领导高瞻远瞩高屋建瓴模样。此类男多为成功企业家,自信,踌躇满志。

3、休闲运动型。滑板滑雪、高尔夫、登山、游泳等休闲运动型头像,这属于企业家、摄影家、记者。这些人换头像比较频繁。看似很自恋,其实这些人属于口头自恋。嘴上说自己多帅多帅,其实这不叫自恋。以自我为中心的,那才是真正的自恋。

女用户头像分类:

1、墨镜照。照片上一律都带着墨镜。这一类多为大龄文艺女青年。想出镜又怕别人认出来,内心蠢蠢欲动,却又要把自己保护起来。

2、潇洒休闲装。我行我素,怎么舒服怎么来。类似平时穿衣服,怎么舒服怎么穿。比较简单,性格不羁洒脱。注重运动,比较健康。

3、玩萌照。这种头像多为单纯小女孩,学生居多。

4、宠物照和花草照。这个宠物照包括一些植物照,有些女孩喜欢一些花草一类,这表示这些女孩有爱心,很可爱。这样的头像是非常能吸引粉丝吸引力的。很能受到男粉丝的青睐。

5、明星照。这是某一个明星的忠实粉丝,除了表达对某个明星特别热爱之外,没有任何意义,不推荐。

6、工笔画仕女图类。这个一般是写手、女作家之类的。或者骨子里把自己比作林黛玉型的。多愁善感的古典美女类型的。

四、简介

要想认识别人,首先要让对方了解自己。除了认

证资料外，首页填上自己的工作、学校、性格的信息也必不可少。认证用户可以有自己真实的身份资料，包括单位、职务、真实姓名等。非认证用户没有这些官方认证的资料，可以在"个性签名"里填写自己的资料，还可以在"标签"里写上几个能代表自己性格的关键词，让人能全面地了解自己。

个性签名里可以填写工作信息、学习信息、爱好等，也可以用一句类似名人名言的短句来概括下自己。当然，如果现在要用名人名言来武装自己，显得有些傻，那是中老年朋友习惯用的，年轻人一般自己造句，幽默不乏深刻。

标签类似于搜索关键词，有助于找到自己的同类，而同爱好的人可以通过微博搜索来找到你，并且加你为关注成为你的粉丝，相互关注后就是好朋友了。

五、关注

关注是什么？当你加了某人的关注后，他在微博上发的每一条微博都会出现在你的首页里，你可以不用到处浏览别人的微博就能在第一时间内看到对方的信息。当你关注对方后，你也就成了对方的粉丝，成了围观者。也可以这样说，他就是信息发布者，而你是信息接受者。信息接收也是有选择性的，你可以选择理会和不理会，如果觉得有价值的信息，你就可以转发和评论了，这就形成了互动。而他如果觉得你是个很有意思的人，也会反过来关注你，成为你的粉丝，这叫互粉。关注的最高限制目前在新浪微博是2000个，腾讯也是2000个，我们建议新手要多关注别人，越多越好,这样你的首页的信息量才会更多,你获得的信息才会更加丰富,增加了你评论的机会,这样你社交的能力将会越来越熟练。

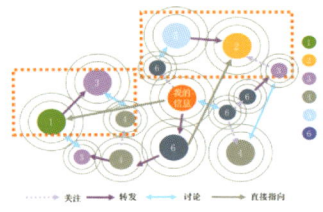

1、关注谁?

你首先可以关注你熟悉的人,比如:工作中的同事、客户、同学、朋友、家人。这些熟悉的人可以形成一个小的圈子,在圈子里讨论诸如工作的问题、分享生活的快乐、家人可以知道你最近的情况,可以从客户那边洞察他们公司的最新动态。尤其注意一定要关注本公司的官方微博和上级领导的微博。**关注官方微博,**

可以了解本公司最新的动态，可以协助本公司转发一些信息；关注领导微博，可以知道领导的喜怒哀乐，可以洞察他的行踪，另外还可以了解他交际圈子的情况，适时对领导的微博加以评论和转发，领导会对你的印象好点。

追星的话，可以关注你喜欢的明星，有机会和明星面对面，了解他在生活中的状态。也可以关注一些行业名人，了解一些行业动态，对你的工作有所帮助。

最后关注下你喜欢的产品的官方微博，比如：女孩喜欢的化妆品，男士喜欢的手机可以等，你可以从他们官方发布的消息中知道什么新品发布了，什么软件更新了。更重要的是，**在你使用这些产品时遇到了问题可以及时寻求帮助。**在线的官方微博比打客服电话要直观、准确也比较省钱,客服电话永远占线,永远需要等待,这在微博上几乎不存在。

2、不关注谁?

很火的名人没必要去关注,因为你的关注名额有限,一般是 2000 个,很火的名人有很多人去关注,即使你不关注他,他的微博也会通过别人的转发而获取到。比如:姚晨、王菲、任志强、潘石屹的微博。即使你不关注他们,他们的每一条微博也会毫无保留地传到你的首页。

除了不关注特别火的名人外,另外**"三无"的不关注**。即:无头像、无粉丝、无内容。你从他的微博上获取不了任何信息,只能占用你的关注资源,等他玩熟后再去关注不迟。

3、如何关注？

关注自己熟悉的人的话，**登录自己的微博**，然后**利用地址或昵称来寻找对方，在他的头像旁边有一个"加关注"的按钮**，点这个按钮就可以了，可以设置分组，归类方便查找和管理。关注名人可以去微博首页的"名人堂"，里面有很多职业分类，从中选择你喜欢的名人，加他关注。另外一个方法就是你在发微博时，**看到别人转发过来的微博，或是内容吸引了你，或是对方昵称吸引了你，也或是对方的头像吸引了你，你都可以加他关注**。方法是，用鼠标的光标放在对方昵称上，会出现他的一些基本资料，并且有"加关注"的按钮，你点一下就可以了。

4、互粉

互粉，就是互相加关注。 互粉可以发私信，像 QQ 一样聊天，如果你用的是 PC 客户端，就有聊天的功能。

对于互粉的条件，首先对方应该是认证用户，实名微博很可靠，应该是互粉的首选；其次就是看对方是不是你生活中的好友，如果对方加你关注了，你没回复，会显得不礼貌。最后就要看对方的头像、昵称、简介、内容了，臭味相投的人当然可以成为好朋友，因此互粉变成了一个递名片的过程，结交朋友从互粉开始。

对方可以求你关注，你也可以求对方关注。在对方的首页里，当你关注他以后，旁边会有一个按钮：

求关注。你可以点开这里，在里面输入你的基本资料，也就是要求回粉的理由，对方看到后，觉得你可以交往，就会加你关注的。

互粉后我们的交际圈子会逐渐扩大，对方的粉丝在你们之间交流期间会过来关注你，你的粉丝也会跑过去关注他，互通有无，共同进步。

5、整理关注

微博每天都有新鲜事，每天都有吸引的博主，每天增加新的关注，但关注的上限是 2000 个，到了上限就不能再添加新的关注了。你可以定期清理下关注，把那些好久不说话的；你关注了他，而他没有关注你的，微博内容可有可无，你从中得不到任何有价值的信息的,或你看起来不顺眼的博主取消掉,加上新关注的用户即可。

这样做的好处是,你的关注里永远有活跃的用户,而不至于浪费了资源,另外也增加了互粉的用户,使你们之间增进了友谊。

六、内容

有了头像、昵称、简介、也关注了很多人,但首页还是一片空白,我们就应该来发微博了。内容需要什么样的格式的?需要什么类型语言的都不是很重要,反正你超过 140 个字后系统会提示你发不出去。发黄色的、政治的、敏感、谣言的,尽管当时系统不会提示什么,但如果有人举报你的 ID 就会被封,得不偿失。

1、新手发微博

刚注册用户一般来说会把微博和博客弄混淆,觉得微博就是"写",认为自己没有什么文采,怕写出来会被人笑话。其实**微博是不需要多好文采的,越随意越好**。春晚上蔡明说微博是公开的短信,就跟你发短信一样,如果需要斟酌句词的话,浪费了时间,即时通讯的功能也就丧失了。

新手刚开始无从下手,那就先从转发开始。

看到觉得有意思的微博,你就直接点微博下面的"转发",时间久了,你可以在转发的时候加上你的评论,评论不见得非要专业,但一定要敢说出来,哪怕是说错了也不要紧。玩微博先从转发开始是很有必要的。

2、微博发什么?

A、可以发每天工作生活的状态。 从早上上班到下午下班,再到晚上聚餐宵夜酒吧 high 到极致,都可以发上去,让更多的人和你一起快乐。

比如我经常会晒自己做的饭菜。

河北解放:烙张油饼配晚餐,小米熬得够水平,黏乎乎,泡菜很给力!想吃不?加关注并 @20 好友评论此条微博,你将有可能得到到………闻味儿一次……机会不多,赶紧来参与吧!钦此!

河北解放:快来Look!我的吊兰开花了!!!!

B、每天的心情可以发。心情好了可以说出来,不好了也可以忧郁点,何尝不是一种女诗人的状态呢?也许在你发心情絮语的同时,你的人生之结就会打开。

河北解放:大概有两年没看过新闻联播了,当最后的音乐响起,我觉得我好像有一种怀旧的感觉,就是类似突然听到"万里长城永不倒"时心里一阵激动脑子里满是小时候"嘿哈"声音一样。我现在觉得我是坐在邯郸的家，呼噜一口棒子面糊糊啃一口咸菜看一眼电视，儿子在一边说着谁借了咱的锅没还，谁打了他一巴掌等事。

C、看到热门的新闻可以评价一下。 表示我是这个社会的一分子，那些热点的事其实和我们都有关系，比如房子、婚礼、物价、工资等，都可以拿来议论。

关于谢霆锋和张柏芝之间的婚姻事，我发了条微博：

河北解放：早起的老头会八卦，所以一醒就关心小谢和小张的婚姻了。离了好，谁离了树枝都能上吊，一个萝卜一个坑，谁的萝卜不可能晾着，谁的坑也不可能闲着，就像停车场，你的车不停，还有别的车呢，管他是奔驰还是时风，能照顾停车场生意的就是好车！

D、和朋友聊天，可以充分利用微博上的私信和评论功能，不见得在评论时都要发条微博，可以私密和半私密地聊天，海阔天空无所不能，但要记住别吵架别骂街，语言不一定要文明，但绝对不能恶俗。

E、直播自己或他人，直播突发事件。当时发生的事情当时就发出来，让博友们和你一起感受现场的气氛。直播演唱会，发上图片和介绍以及自己的心情，会让博友们有身临其境的感觉；直播突发事件，不需要太多的描述，只把你看到的真实说出来即可，你就成了一名直播记者。

2010年国庆长假期间回老家,正好赶上秋收种小麦,我就直播了我在地里干活的情景。

河北解放:到处都是勤劳勇敢地中国人,意气风发走进新时代,啊…啊我们意气……还有我!

2011年春节期间,在老家过年,我又直播了农村拜年的情景。

河北解放：早上四点鞭炮齐鸣，挨门磕头拜年…………膝盖都磕疼了

F、**卖弄文笔，写篇文章显摆下**。有写140字以内的微文章，也可以在博客上写上长篇大论，然后把链接地址发上面，但一定要有140字以内的文章简介，要把文章的最有意思的语句发上来，吸引博友去踩踩。

有时候我也会写篇文章发在博客上，然后在微博上发个链接。有时候也会写首诗显摆一下。

河北解放：做首诗歌吧，题目是《风碎了》：风唱了，玻璃鼓掌把自己拍碎了。夜，闭幕了，心坎上残留的痕迹被墨汁遮住了。容我想想，我原来的样子，好像是野山上一棵酸枣，尽管有蝈蝈骑在头上，那也是想做我的步摇。暗夜里的光束，穿透了碎着的玻璃，穿透了风，却没有靠近我的胸膛。这时，风碎了，心也碎了。

G、做产品广告。不见得非要做别的产品的代言，自己有好的东西需要出售同样可以发到微博上。比如你有闲房需要出租，或你有不用的电器需要转让，或你有瓶陈年的茅台需要卖出去，都可以用微博来销售。这比找中介省了中介费，比到淘宝简单。

发微博时可以添加张图片，可以是你用手机刚拍的，也可以是从百度图库里搜的，图片可以和内容有关系，也可以没有关系，让人联想到他们可能有关系，这样微博的魅力就体现出来了。因为在你打开微博时，最吸引你的并不是纯文字，因为没有图片他们占的面积相对要小，没有视觉冲击力。看过张艺谋的电影吧，要想抓人眼球先在图上下功夫。所以写文字时加上图片做到图文并茂，这样的微博想不吸引人都难。

3、微博特色

微博的语言可以是专业的、轻松的、幽默的、文采飞扬的，不论你采用哪种方式的内容，一定要有自己的特点，切忌毫无特色味同嚼蜡。微博上除了有微博女王能百万粉丝的认证用户，也有很多没有认证的草根用户，他们的粉丝成千上万，与认证用户分得半壁江山。打开他们的主页你会看到，他们的特点基本都一样，都有自己鲜明特色。比如：作业本、我们爱讲冷笑话、我当时震惊了、凤凰是只鸟、染香等等。作业本以犀利著称、我们爱讲冷笑话以每日发幽默段子见长，染香的特点是冷静分析等等。他们微博内容的风格比较一致，保持下来集聚了超高的人气，粉丝多也就在情理之中了。

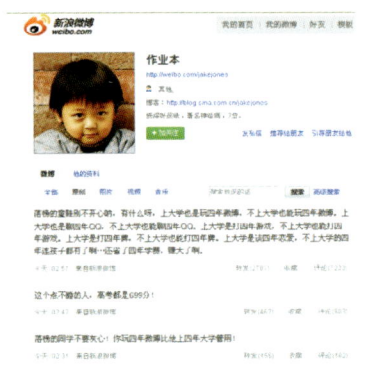

对于自己的微博，打造成有自己特色的微博并不难。比如你可以发你家里的宠物的照片；秀秀你的书房里的书籍；发自己孩子的成长过程；或发些略有文采的诗词歌赋；还可以把听到的故事编成 140 字以内的微故事。这些都可以慢慢让你的微博变得非常有特色，粉丝们可以有针对性的关注你，并且这样的粉丝他的忠诚度是非常高的，赶都赶不走。

4、微博要亲自来玩

和博客不同，有些博主会让秘书或助理来打理，微博需要自己来玩的。秘书是不能代表博主的。

首先语言风格不对，秘书作为"代管者"，对博主的语言风格不甚了解，也就不能发出具有博主语言特色的微博来，另外和粉丝交流时，秘书不知道该怎么回答或回答了些比较冠冕堂皇的语言，让粉丝们反感甚至失望；其次，微博上有很多认识博主的人，有的是博主比较亲密的好朋友，这样秘书就不能代替博主进行交流，这对他们显得非常不礼貌，怠慢了朋友。

最后，博主不亲自玩微博，秘书有时候会借用博主的名义做些别的事。所以说，自己的微博不同于企业的官方微博，一定要自己来玩才有意思，才能彰显自己的魅力。

5、内容禁忌

微博的内容可以是五花八门，也可以不需要特色，但一定要记住，内容一定要合法。杜绝色情的、敏感的、暴力的、谩骂等内容的微博，且不说这些内容会招致粉丝的反感，但就互联网规定来说，很有可能因此被封 ID，一旦被封你的朋友都将无从联系，你辛苦经营的微博将前功尽弃，让你痛心不已。

七、微博小功能

微博上有几个比较有特色的功能，我们来学习下他们如何使用。

1、私信

私信是很私密的互发消息，类似于手机短信，只有双方能够看见内容的交流工具，内容不超过 300 字。互粉的朋友可以直接发私信，有的微博在设置功能里对任何人都开放私信功能，也有的只对好友开放的，也就是互粉后才能私信。

2、@ 提到我的

在昵称前加 @ 发一条微博，对方会在"@ 提到我的"里看到信息，或者当你转发某条微博后，又有别人接着转发此条微博后，你也可以在"@ 提到我的"里面收到信息。然后你有事找某人，而他的电话打不通，你确定他是微博控时，就可以使用这个功能，**方法是：@＋对方昵称＋空格键，再加内容发条微博就可以了。**

另外有一些需要让人转发的微博可以 @ 一些人，但尽量避免 @ 的人过多造成了骚扰，尽可能少 @ 人，假如你被 @ 了，或者你发的微博被转发的过多，你也被骚扰了，那你可以在"账号设置"里取消"@ 提到我的"的提醒功能。但为了不错过一些信息，还是建议你不定时打开"@提到我的"里面查看一下,以免遗漏重要信息。

微博右侧菜单中"@ 提到我的",如果在微博里有人使用(@ 昵称)提及您,点击该标签在这里就能看到

3、首页设置

每个博主关注的人很多,首页信息量过大,觉得看不过来,或有些博主喜欢刷屏(刷屏就是在主帖后面评论同时又发一条微博,带着主帖转来转去,造成"话痨"的感觉),你觉得满屏都是他自己在说话。**你可以在关注的时候分成类别,查看首页时你就可以分类点开查看了,非常方便。**

4、搜索

搜索某个朋友的微博时，可在首页的右上角的搜索里输入他的 ID 昵称就可以了。搜索自己曾经写过的微博，可以在"我的微博"里利用时间或关键词来搜索，也可以分组来搜索。搜索好友的微博也是这个方法，到他的微博首页来搜索。

搜索在每一个项目都有，私信里、粉丝里、关注里也都有，方法是一样的，功能大同小异。

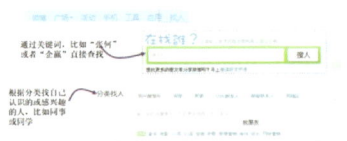

转发与评论技巧

Forwarding and comment skills

转发与评论技巧
FORWARDING AND COMMENT SKILLS

微博除了自己发一些原创的段子外,更少不了转发和评论,社交性质的体现也就是从转发和评论开始的。转发什么样的微博能引起别人的共鸣?评论用什么样的语言来吸引对方?下面介绍几种方法,这些都是我在实际玩微博的时候总结的。

一、转发什么内容?

1、转发不是见微博就转,一定考虑下自己是不是感兴趣,然后再判断下你的粉丝是不是也会感兴趣,或者转发这条微博会有什么样的结果?结果有多方面的,或者是流传更广些;或者是产品的广告能让人产生购买的欲望的；或者是求助博友求医问药的；或者是社会丑恶现象大家共同抵制的。内容很关键，如果是新闻性质的微博，一定要弄清出处，考虑下真实性再去转发。对微博负责，对博友们负责，如果没有弄清消息的可靠性，千万不能一时性起就去转发，有时候结果会是很尴尬的。

2、**公益性质的要转**，比如微博打拐的、灾难救助的等等。多一次转发多一次传播机会；**微博上有句名言：转发也是美德**！就是指这个，既然我们没有能力去帮助他人，我会利用转发让更多的人看到。

3、**好段子要转发**。当你看到一条忍俊不禁的段子或者图片时，你肯定抑制不住想和他人分享的冲动，随手点下转发，让更多的人和你一起快乐起来。

4、**本单位的活动要转发。**支持单位就是支持自己，这道理谁都懂的。

5、**朋友要求你转发的。**当微博上的朋友发私信留言要你转发时，你当然要去转发，但你一定记住看清楚微博的内容，如果没有什么原则性的问题，你就应该转发，以后当你需要别人转发的时候，他会帮你转发的，也叫礼尚往来。

二、关于评论

1、评论谁？

你可以去抢沙发，在微博广场里有一个标签叫"抢沙发"，你可以去里面做第一个评论的人，往往对方博主会记住第一个评论的人，会和你交上好朋友，彼此印象较深。而且微博上有对抢沙发比较多的人给予虚拟的奖励，什么沙发勋章，这都比较好玩。

你还可以挑选你感兴趣的话题去进行评论，在微博里有话题搜索，你可以通过搜索找到你喜欢的话题，运用你的专业知识或对某个话题的独特观点来评论，比较会引起共鸣。

另外你可以找喜欢刷屏的名人来评论，往往在你评论后，如果观点比较独特，他会很感兴趣地和你讨论，在讨论的同时带着你的 ID 和评论满天飞，能引起很多人的注意。

2、怎样评论?

评论切忌语言平淡人云亦云,这样的评论对方是不会注意的,尤其是大腕明星们,在浩如烟海的评论里,你的评论不够独特、幽默、犀利,他是不会注意到你的,所以评论的独特性尤其重要。

可以采取声东击西,顾左右而言其他的方法来进行评论。比如他发了一张图片,图上表现的是他买了一双鞋子。这幅图就表示他想征求下博友的意见,鞋子好不好看,划算不划算。那你完全可以抛开鞋子本身来评论,比如你可以评论捧着鞋子的手:哇塞,你的指甲油好漂亮啊,在哪儿做的美甲?..........这样喜剧效果就出来了,他会一边笑着一边回复你的评论。

比如：

@谷宗良：什么破网，登了近二十次，好不容易登上来了，发个回复都是那么的难、那么的慢！

河北解放：本店长期供应敌敌畏、上吊绳、水井、自杀刀等想不开之物件，欢迎选购，批零均可，量大从优！

@方家评说：我愿做一块布，贴身服务人民。

河北解放：万一是抹布呢？

@华师一孟昭奎：什么是真相？难道你说的就是真相？

河北解放：一般情况下，双胞胎真相

@唐欢：#私奔马代##天津滨海新区#天津：清晨，06:00起床；起床、洗漱，10分钟；早餐，15分钟；07:30到达滨海新区。马代：清晨睡到自然醒（07:30）；

起床、洗漱1小时；早餐1小时；10:00到达海滩。节奏慢下来了……

河北解放：你真是气死人不偿命啊，欺人也太甚了点吧

积极评论各种常识类的微博，比如某个名人发了条求助的微博，表示不知道该怎样做红烧肉，即使你也不会也没关系，赶紧百度搜索，用最快最简练的语言告诉他怎么做，怎么做的好吃等等，这样他会对你很感激，比较容易获得对方的回复。

微博直播

如何增加粉丝

How to increase fans

如何增加粉丝
HOW TO INCREASE FANS

粉丝多了玩微博才有意思,越多的评论和转发,才能体现你的价值。每个人都有虚荣心,当你的言论被人认可时,心情是很愉快的。聊天需要七嘴八舌的,当你的粉丝很少,你发了话题没人响应,那种失落感很难受的。所以有人问我,玩微博就是自己玩自己的,干别人鸟事啊。其实他说错了,这是他还没有把博客和微博分开来,即使是博客,谁也希望踩的人多些,微博更是如此。

微博上有人说,如果你有100个粉丝,你就是街头小报;如果你有1000个粉丝,你就是都市报;如果你有10000个粉丝,你就是本杂志;如果你有10

万粉丝，你就是全国性报纸；如果你有 100 万粉丝，你就是个电视台；如果你有 1000 万粉丝，你就是央视。

所以粉丝对于玩微博的人是很重要的，经常可以看到微博上很多卖粉丝的广告，其实卖的只是机器粉，只有数字而不会对你的微博进行转发评论，毫无意义的。我们玩微博要吸引实实在在的粉丝，这些粉丝会和你互动，形成了一个比较强的气场，让你的言论像病毒一样的传播，你发布的消息让更多的人关注。粉丝的来源只能靠自己的魅力来获得，这和明星吸引粉丝的道理是一样的。

1、互粉

新注册用户粉丝是 0，你可以先找自己的亲戚朋友互相关注，这样你的粉丝数有可能会有 10 个，在这 10 个人里，你们就可以形成一个小的圈子进行交流。**在玩的同时，不断丰富自己微博的内容，达到一个特色微博的雏形，可以搜索有相同标签的微博进行互粉，这叫粉丝互换。**粉丝互换坚持一个原则，你主动加别人时一定要看他的头像、昵称、简介、标签、内容；如果连头像也没有，内容一般，那你就没必要去加他。反过来他要求和你互粉时，你也要看看这几项符不符合才会去互粉，否则他只能做你的粉丝，你没必要去做他的粉丝。

2、多加关注

要主动去加别人关注，并且积极评论和转发。**关注的对象越多，出现在你首页的信息将会越多，越能**

激发你想评论的冲动。在你热情评论时，对方有可能会被你的评论吸引加你为关注。推荐关注 1000 以上，这样你的信息量才会足够丰富。

3、刷屏

何谓刷屏，在微博上是指带着原帖评论并同时发一条微博的。就跟公开聊天室一样，任何人都能看到你在说什么，原帖的意思和评论都能很直观地看到。但会引起粉丝的不满，如果你的粉丝关注的人少，他打开首页时整个页面会只有你自己在说话，影响了他获取别人的信息，有的粉丝认为这是一种骚扰。但在初期你的粉丝很少的情况下，你不妨试着去刷屏。就是评论别人的微博时也同时发条微博，如果对方和你有互动，你就可以带着原帖和原评论转来转去，这有助让别人看到你,并加你关注。本方法只适用于粉丝10000以下的,粉丝量超过10000之后,你要是还刷屏,就会引起粉丝的不满,他们会取消对你的关注的。

除了你在评论别人时同时发条微博外,你还可以找喜欢刷屏的名人去评论,当他刷屏时,你的ID和你评论的内容被他转发上千上万次,会有很多人看到并且记住你,最好你的评论观点要独特,能引起别人对你的好感。

4、提到明星

微博上有很多粉丝团,他们的热情和爆发力是相当惊人的。假如你发了某超女一条微博,不出五分钟就会引来第一个粉丝团成员的评论,紧接着会有成千上万的粉丝过来评论。当然这得一分为二地看,比如你说了某明星不好的言论,他粉丝的疯狂恶骂的程度也会相当的高,一般情况没有什么特别让你气愤的事,尽量不要说这些明星的坏话。如果你发条有意无意赞美的话,他的粉丝们会很热情地评论你,并成为你的粉丝,这个办法屡试不爽。

我发过几条关于韩庚的微博。

河北解放:我咋那么帅捏?面对镜子,我一阵感叹,老天对我太垂涎了……是垂青。我皮肤白皙、细腻,有弹性,我啥雪花膏都没用过….(谁信呢?)正自美着,@璐溪Q 大叫:

你太变态了,把人家韩庚的照片贴镜子上......

这条微博在新浪微博被转发1488次,评论1198次,并且吸引庚饭227个。在腾讯微博被转发552次,评论102次,增加听众32个。过了一小时我又发第二条微博:

河北解放:发了个关于#韩庚#的微博,没想到他的粉丝太给力了,圈得我晕头转向,这帮小朋友太可爱了,和韩庚一样可爱,支持你们!我得好好练练了,以后见人就学韩庚跳舞,不怕闪了我的老腰!先摆个皮偶爱死爱死!

这条微博在新浪微博被转发828次,评论668次,增加粉丝234个;在腾讯微博被转发324次,评论76次,吸引听众71个。

2011年4月13日,我发了一条关于周笔畅得奖的微博:

河北解放:#周笔畅获奖#周笔畅荣膺风云榜11年历史上最年轻"内地最佳女歌手"!这个奖项与2006年由她获得的最年轻"内地最受欢迎女歌手"遥相呼应,使周笔畅一举成为"中国格莱美"最年轻的"双料歌后"。这

个小姑娘我一直都很喜欢。祝福祝福！

这条微博在新浪微博转发1312次，评论784次，吸引粉丝138个；腾讯微博转发586次，评论68次，吸引听众87个。

5、与网友互动

吸引粉丝很重要，留住忠诚粉丝更为重要。尤其是认证用户，千万不能让自己高高在上，往往这样的话会失去忠诚的粉丝的，即使你的粉丝数在增长，你忽略了和粉丝的互动，粉丝对你也往往没有多少忠诚度。

微博上有很多类似的认证用户，他们从来不和网友互动，只是把自己当做一个话题发布器，发了微博后万事大吉，对于评论好的留下，不好的删除。这样很不好，让人感觉到你很不真诚。有个山西某地级市的市长的微博，每天除了自言自语自拉自唱地发布一些关于为官之道的微博外，根本不和网友互动。作为一个官员，你要勤政为民，和人民中间竖起了一道屏障，你怎么能倾听民意？怎么能服务好一方百姓？

与此相反的却有很多官员微博，却把微博当成倾听民意的平台，与网友互动取得了丰硕的成果，也得到了网民的一致认可。

比如广东省卫生厅副厅长廖新波的微博（微博昵称为：医生哥波子）、浙江省海宁市司法局局长金中一（微博昵称：中一在线）、太原公安局万柏林分局政委、原太原公安局发言人史水鸿（微博昵称为：太原公安第一博）、福建省石狮市公安局政委苏碧江（微博昵称：飘香心语）等。他们的微博共同的特点是，除了发布和自己专业有关的微博外，更重要的和网民沟通。

医生哥波子：公共卫生事业属于典型的公共产品，提供公共卫生服务是政府的基本职责。这一点在任何情况下都不能动摇。除此之外，在一般医疗领域，基于个人疾病风险的不确定性及个人经济能力的差异，政府也必须承担筹资与分配责任，这是实现社会互济和风险分担的前提，也是实现合理干预目标的基本条件之一。

本条微博转发457次，评论377条，博友对公共医疗事业的关注超乎了廖厅的想象，他也和博友们积极沟通，博友普遍认为廖厅的解释很满意。其实廖厅长对于医改的话题都能在其微博上看到，每一条微博都能有他与博友互动的记录，他还爱和博友们开玩笑，有时候也会秀秀自己的照片，对自己日益发胖的身材来点自嘲的佐料，让博友们很开心地愿意和他讨论医改。

中一在线：领导讲话为什么老是要下面学习贯彻上面xx会议精神，开展各地各部门各单位的工作？为什么不能让下面根据法律法规和有关政策，自主决定本地区本部门本单位的工作重点？（转发114，评论48）

针对此微博博主与网友进行友好而又热烈的讨论，

翻开博主微博,这样的微博数不胜数,由此可见,网民对司法工作的关注程度,也恰好反应了司法工作者应该面对网民敞开心扉来说话。

太原公安第一博:谨防冒充尼姑进行诈骗的犯罪行为!近日,一伙安徽枞阳籍妇女冒充尼姑以"家中存放钱财可以消灾"为由,把受害人的钱物包裹好,做完法式后存放在受害人家中的制定地点,承诺三天后打开既可免灾。期间,犯罪嫌疑人趁机掉包,诈骗受害人现金或金银首饰。受害人多为老年人,望大家提高警惕,谨防上当受骗。

此条微博转发112次,评论87条,博主与网民互动很融洽,针对各地出现的诈骗行为给予分析和解答,并教网民如何识别骗局。

飘香心语：昨天，一售楼小妹说：她已做三年了，收入是不错，打算再做二年就要换岗，我问她为何，她说是职业疲劳。我想，我们基层民警一干十几年，每天那么多繁重工作，责任又大，一不小心不只是丢工作甚至会被追究法律责任，真正的职业疲劳。从严待警一本书，从优待警一句话。呵呵，多关心、理解基层民警队伍。

本条微博转发16次，评论118条，关于公安第一线民警的健康问题博主与网友展开互动，因此很多人由此理解了警察的工作，对于他们高强度的工作负荷表示深深理解。

与网民互动要保持良好的心态，对于好的评论不要过于兴奋，对于不好的甚至有谩骂的评论也要保持风度，要分析下他为什么会骂你，然后针对他的评论进行解释，以理服人。有些网民是故意用谩骂来提高自己关注度的，你可以毫不留情地拉黑他，删除恶意的评论。我发微博后每条微博都会去看，只要是在打字方便的情况下（用电脑上微博的时候打字方便，我不习惯用手机打字，很慢），我会一一回复，哪怕只是一个表情，让粉丝觉得你没疏忽他们。

对于误转了虚假微博或微博涉及到了某种错误，自己发现或被博友指出来后，我会立即删除，不让这个信息传播出去。去年有个博友发了一条关于邓亚萍给外国人下跪的微博，我当时也没去查证信息的可靠性，就贸然转发了，当即就有粉丝指出这是邓亚萍在剑桥读博士授学位时的照片。我赶紧删除了，好在没有几个人看到。后来经微博辟谣证实，这确实某些博友故意发的虚假信息。对于这样的信息大家一定注意，以免自己的好心被人利用。

6、@名人

要想获得某人的关注，你可以采用@他的方法，一般人都会接受这种方式的，除非你是骂他。你可以就某个问题请教，比如你想让任志强注意到你，你可以这样发一条微博：

@任志强 任总，你预测一下2011年的房价会不会涨？

虚心请教型的微博一般他都会回复的，除非@他的人太多，他看不过来。这个功能也可以用来寻找某

个朋友,比如你打他电话不通,你就可以发条微博:

@xxx,请回电话!有事找你!

为什么不给他发私信呢?发私信他只是一个人看到,假如他正好没在微博上,那你的私信不也石沉大海了吗?如果发一条这样的微博后,别人看到也会转告他的。除非特别隐秘的关系或事情,都可以用这个功能,也可以用来吸引对方注意,来加你关注,做你的粉丝。

7、线下活动

微博上经常举办官方或非官方的线下聚会,这些聚会有的是针对某个行业的,有的是没有任何目的的纯聚餐。**不管那种形式的聚会，我们都要积极参加，这是增加你社交面的好机会。**聚会上不仅能见到真实的人，还能认识一些你原本没有关注的人，寒暄之后，互粉是必不可少的了。聚会上你的魅力展现出来了，被你的朋友发在微博上，他的粉丝就会去加你关注，病毒式传播不仅仅适用于内容，加关注也是能传染的。

比如在我们单位的年会上，我发了一条微博：

河北解放：@ 璐西 Q 对新的一年的期盼是找到一个称心如意的男朋友，我对她的愿望很支持，做剩女她没有强有力的勇气支持；做小三，她没有如花似玉羞花闭月沉鱼落雁的姿色；做媳妇儿………也就这个可以凑合做吧，因此她要找男朋友是正当的而且是必须支持的决定！

这条微博被转载了 97 条，评论 165 条，给她带来粉丝 38 个。

还有我去北京出差，晚上有博友召集聚餐，过去后我发现除了两个我认识的人，另外的我全不认识，几杯酒下肚后，彼此都成了好朋友，然后互粉，因此我们彼此都获得了至少 7、8 个粉丝，然而经过微博直播，他们的粉丝也来加我，我的粉丝也去加他们，每个人增加的粉丝至少 30 个！

8、公益活动

发起或参与公益活动，有助于提高微博人气。
2010 年 3 月 16 日博友梁树新发了条微博：

@梁树新：蜗牛计划第一站佛丁小学的围墙、厕所和操场重建还需要12万，现启动#铅笔换校舍#梦想行动：我们将用一支佛丁小学学生用过的铅笔来和网友交换任何物品，直到交换到价值12万的物品为止。终极物品将进行爱心拍卖，所得款项全部用于援建佛丁小学。参与方式：将你的交换物照片、价格发在微博上并@梁树新。

这条微博当时被转发了二百多条，并没有引起多大的轰动，而接下来的拍卖直播却在微博上掀起了很大的波澜。众多名人明星纷纷响应，也有普通博友参与其中，那次活动最后除了落实了新校舍的问题，直接给参与者带来众多粉丝,这是微博公益其中的一个案例,但这样的案例自2010年元旦开始每天都在进行。人是善良的,善良的人会得到别人的尊敬,因此,你不涨粉丝谁涨?

9、参加大赛

2010年9月底,美域国际举办了微博上第一个大赛:微剧本大赛。报名参与者达到3000多人次,最后入选决赛的有30名。参与者在发作品时就已经在给自己的魅力添分,好的作品被博友转来转去,吸引了很高的人气。当时进入决赛的30名选手,参赛期间每天都有新的粉丝增加,宣布得奖结果后,粉丝更是增长迅速。

接着新浪微博举办的"微小说"比赛。这和微剧本大赛有类似的地方,参赛选手更多,因此最后收获粉丝最多的是一些风格独特的作品作者。博友朱晓晓朱发了一条比较有意思的微小说作品:

朱晓晓朱:微小说:某日,@任志强 隆重迎娶@染香 ,婚礼上,名流云集,热闹非凡。僻静处,@潘石屹 悄悄塞给任志强一个红包,并小声叮嘱,入洞房后再打开。深夜,任志强轻轻推开潘石屹未锁的房门,神秘地对潘石屹说:"我发现婚礼上有对同性恋。"潘石屹问是谁,任志强递过脸去,小声说:"亲一下,我告诉你。"

这条微博被转发1266次,评论668次。并被文中提到的人物任志强和潘石屹转发,直接给朱晓晓朱带来不少于 100 个粉丝。

10、最佳发微博时间

微博可以随时随地,除了工作学习外,任何时间都可以发。出差途中、旅游中、工作间隙、晚上休息、周末宅在家里,这都可以**自由自在地发微博**,手机和电脑并用,拍照摄像两不误,让你的微博充满着活力。

除了在旅游或在出差的路上,**一般发微博的集中时间是在晚上的 22 点至次日凌晨 2 点。这是微博发布的高峰期。**

早上 6 点至 8 点,是生活比较有规律的人发微博的时间，包括年龄比较大的、注重早晨锻炼的博主们。

上午工作时间 9 点至 12 点，一般为晚睡刚起的，比如媒体人、明星、偶尔也有白领在工作间隙发发，但数量不大。

中午休息 12 点至 14 点，白领、学生发微博比较多。

下午 14 点 16 点，这段时间是午休起来的老板们比较多。

16 点至 20 点，到处赶饭局的发微博较多，而且微博内容涉及到了堵车、饭店设施、朋友规模、饭菜质量、席间玩笑、合影留念。

how to increase fans

20点至22点，微博开始逐渐显现高潮，吃饭的也吃完了，工作的也回到家了，微博上开始出现一些有争议的话题，大家开始围观或讨论，气氛开始热烈，但还稍欠些火候。

22点至0点，此时微博最为热闹，各种意见领袖开始引导话题，博友参与讨论比较热烈。此时各种行业的博主都上来了，怎一个热闹了得。

0点至2点，大部分都已睡觉，留下来的媒体人此时很活跃，开始讨论诸如突发事件的真相或者新闻背后的新闻，一般猛料总是在这个时候被发出，不管娱乐的、政治的、国际的、宗教的，一些新闻或一些旧闻都会被挖出来当做谈资。此时作为普通博主，最适合围观。

2点至6点，只有少数几个人在自言自语，以艺术家为代表，或喝多了发个诗歌，或对某种不满加以宣泄，不过此时只是停留在自拉自唱自我欣赏之列，应和者寥寥。

11、吸引粉丝时间

上面我们提到了最佳的发微博时间，是作为围观来说的。**如果想要增加粉丝，也需要看准时间，尤其是吸引有分量的"宽粉"来加你，那你就是牛人了。**

（1）一般说来，最佳长粉丝时间为：

工作日：12点至14点，16点至18点前一时间段为午休时间，这个时候白领学生甚至有些老板们会在这个时候放松一下，而且微博上言论不是很多，你要能发一条比较好玩的微博，会吸引一些喜欢"抢沙发"的粉丝的。或者去抢别人的沙发，评论他们一下，会得到回复的机会比较多，如果他回复了，你就再抛出另外一个问题，这样一来二去就可以提出"互粉"了；后一时间段为下班前，因为这个时候大部分的工作已经完成，在下班前放松一下，方法和前一段是一样的，也是评论后提"互粉"要求。

周末9点至12点，这个时间段是休息日刚起床，一般来说，这个时候人的思维很清晰，经过了一晚上的休息，身心都很放松，情绪也比较舒畅，你可以在这个时候发条好玩的微博，最好是比较轻松的，看起来赏心悦目的，就能吸引人来评论和转发，也可以发一些生活感悟。另外对于别人发的微博，你就可以在评论的时候加上：周末快乐 + 评论内容，一般情况博主看到这样的评论都会回复的。

（2）吸引"宽粉"时间

自己的粉丝里出现一个加 V 的用户，心里是很美的事，但一般情况认证用户是不会主动加非认证用户的，除非对方是隐形的名人，比如：王菲和章子怡。不过也不尽然，认证用户大部分还是乐意去加对方关注的，除非你的微博毫无特色，另外你缺乏主动。主动起来我们都能拥有"宽粉"。

工作日的早上 6 点至 8 点，是吸引"宽粉"的最佳时间。这个时候微博上人少，但有些比较崇尚早睡早起的名人们这时候会悄悄上微博，建议你下载个

PC 客户端，因为这个客户端有上线提醒，即使他不发微博，但只要是他在线就能看到。你知道他在线的时候，可以出其不意地发条私信：早上好！用类似这样的语言让他感动，然后你可以提出你的要求，互粉。或者在他发出微博的时候，你评论的时候就要很礼貌地说：张叔或李阿姨或王总，早上好，愿你一天都有好心情。然后再加上你的评论，评论也要以中肯为主，不要偏激。**早上是一天最美好的时候，一般人这时候不爱听不入耳的话，谁都一样**。所以摸准这个心态后，你就可以和他交流了。早上上线的人不是很多，如果在晚上，他发条微博会收获几百条甚至几千条评论，即使你的评论很独特很吸引人，但也淹没在了评论的海洋里。早上人少，你评论一下他很容易能看到，所以互动就在所难免了。

早上你可以评论,下午和晚上你可以努力发原创的微博了。记住了,一定要好玩,让宽粉们注意到你,你的微博要是被人转载后有几个认证用户也在转载并且评论了,这表示他认可了你微博的特色,你可以照此特色继续保持下去,切忌没有特色和个性的微博。

附:如何吸引优质女粉丝:

不管你的摄影技术好不好,都要敢于发照片上去。不要正襟危坐二三更,一定好玩点,搞怪的照片最能引起女生的青睐。语言与照片相辅相成,犀利点、装酷点、幽默点、专业点、争议点、邪恶点的语言最能让女粉们疯狂尖叫。**优质女粉丝最喜欢真实的有点小脾气的男人,加油吧,脱离光棍生涯指日可待!**

how to increase fans

如何吸引优质男粉丝：

如果你只想傍大款或找一夜情，你只需要发露点的照片即可。**如果你想找爱你的并且你也爱的人，那首先你把你的头像换了，不一定非要是自己的照片，但一定要能代表你的个性。**文字千万不能破口大骂，含蓄点、乖巧点、萌点，没有哪个男人喜欢母夜叉类型的，把自己当成小鸟，偶尔秀下自己的玉照，然后配上说明：五分钟后删除。你看吧，男粉丝会蜂拥而至，你只需要做的是，化好妆待在电脑前与他们微博互动，好好经营自己的微博，伟岸的大树即将会来到你身边，任你依靠栖息。

官方微博
The official micro bo

官方微博 THE OFFICIAL MICRO BO

官方微博是指企业或政府机构设立的唯一微博账号。

它代表企业和政府机构的观点和言论,发布企业和政府信息、新品发布、技术指导、政策服务、活动发布、活动实施等。

一、微博管理员必备的素质

1、管理员要有专业的素养。对公司的业务要精通,最新的活动详情要熟知,不能一问三不知。

2、要有深厚的文化积淀。和博友交流时运用自己的文化素养来从容应对提问。

3、要有持久的耐力。针对微博上的评论不能厌烦，做到逐一回复，没有遗漏，以彰显亲和。

4、敏锐的洞察力。对于微博上的大环境要有应变的能力，语言技巧运用到位，根据不同博友的语言加以分析获得他的目的，从而对症下药。

5、独特的语言。不论回复还是发布，不能刻板地发布新闻似的把公司要求发布的内容发上去，要有一定的语言特色，但不能娱乐化。

二、微博上著名的官方微博

1、中粮美好生活

中粮美好生活

中粮美好是在微博上第一个成功营销的官方微博,当时转发量惊人,几乎人人都参与了他们的转发活动,原因是可以得到勋章。因为是第一次,所以当时取得了非常大的成功,至今很多营销案例都在以他做榜样,可见中粮美好的成功之处。

2、360安全卫士

360安全卫士的官方微博做的最好的就是,他

永远在你身边,只要你的微博内容里提到与360有关的话,他们的管理员就会找到,对你的问题不厌其烦地解答,甚至手把手地教你怎么做,这是在微博中很少见的管理员素质,值得各个企业的管理员学习。

3、诺基亚

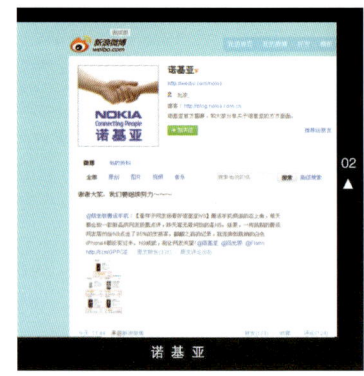

诺基亚N8成功在微博上营销,他的营销手法是:不去刻板地把广告放上去,而是把广告做成体验的视频,让用户体验新

品带来的各种新的功能。并且他们在举办各种与新品推介有关的演唱会时，不忘与粉丝互动，玩自拍，玩与明星合影，这都能吸引粉丝的兴趣。

4、泉州公安

泉州公安不是最早开官博的政府机构，但粉丝却是最多的，截至2011年6月底，他的粉丝已经达到了59万！**他的内容主要以防止各种刑事案件为主，并且在微博上征集侦破线索，直播破案过程，让粉丝们体验到了像电影电视剧那样扣动心弦的破案过程，紧张而又刺激。**另外还和博友面对面，征集博友对公安的误解地方，尽可能地予以解释，化解一个又一个矛盾，让人民群众对公安民警有了新的认识。

5、新周刊

《新周刊》是最早介入微博的媒体官博，管理员的文字水平很深厚，对于国内外新闻的深度分析有着独到的见解。**新周刊率先在微博上征集选题，让全民参与选题策划，这是史无前例的，当时每期杂志的选题会有几百条，这些建议大大拓展了编辑的思路，又增加了杂志本身的关注度。**《新周刊》和新浪微博合作，出版了以微博为基础的《微语录》。

6、全国房地产经理人联盟

the official micro bo

全经联的官博管理员每天发一些和地产有关的最新消息,而且还转发全经联成员的有意思的微博,和博友互动也很到位,基本做到了有问必答。而且会在第一时间把一些活动的照片传上去,用幽默的语言介绍活动的过程,与会的嘉宾等。

7、型牌男装

型牌男装

型牌男装是服装在线高级定制的官博,型牌男装利用自己的定制优势在微博搞了多项活动，比如父亲节征文，情人节摄影等活动，奖品就是自己的产品。另外型牌男装还赞助了多项大赛，当别的活动在公布得奖结果的时候，总能看见有型牌男装的身影。除了微博线上营销外，他们还定时邀请博友喝咖啡参观厂区，体验高级定制的整个过程，吸引了大批高端用户。

三、企业微博的营销

微博营销以其成本低，传播广的特点正在被各个企业利用。从"中粮美好生活"开始，各个品牌在微博上掀起了一轮又一轮的广告营销热潮。诺基亚、三星、宝马等企业纷纷开展微博营销策略，转发量惊人，这些企业营销的方式有以下几个。

1、关注抽取幸运奖

这是微博初期企业和个人常用的手法,起源于 2010 年西南旱灾的捐款上,有些博主为了增加粉丝,开始采取这样的方式,每增加一个粉丝他将捐款一元人民币。后来被企业拿去做企业官方微博的营销,加关注后第多少个粉丝可以得到什么奖,或者是在粉丝达到多少后抽取幸运粉丝。

2、关注加转发

发起一个活动,然后要求博友加关注后再转发,然后抽取幸运奖。这和上一个办法是异曲同工,在 2010 年上半年这样的效果还是不错的,大家都效仿后,效果就不好了。

3、关注加 @ 几个人再转发

2010年后半年,企业营销就采取这样的方式,比如当时的"宝马演唱会赠门票"就是采取这样的办法,效果不错。后期再用这个方法后,因为有 @ 几个人的条件,很多人不愿意为此骚扰别人,效果大打折扣。

4、视频体验加转发

三星新品出来后,用体验视频来与 iPad 对比,用户为片中的各项功能所吸引,转发量惊人,效果不俗。

5、举办大赛

美域国际旗下的美域话剧团在 2010 年在微博上举办微剧本大赛,这是微博上第一次大赛,吸引了粉丝的注意,打出了企业的知名度,至今采用大赛的方式是最为稳妥的营销方式。随后新浪也举办了诸如"微小说""微摄影"等大赛,为的就是积聚人气,扩大知名度。

6、吸引认证用户

2011 年也买网老板袁疆发出一条微博,大致是加其关注的 V 用户可以免费得到一瓶红酒。他的操作方式是这样的:加完关注,然后到也买网注册,把用户名发私信给也买网的官博，他们就会在注册用户的账户里打入一瓶酒的金额，你就可以用这个钱去购买同等价值的红酒了。这个策划的绝妙之处是吸引了加V用户主动去注册也买网，增加了网站的消费人数。另外加V用户大多为高端用户，他们的口碑宣传是相当广泛的，经过加V用户的病毒式传播，以小搏大的效果就出来了。也买网的案例是最新最典型的例子。

袁疆：

新浪V认证免费领酒方法,1关注我并转发此微博;2去www.yesmywine.com注册;3将注册账户私信给我;4我将在您的也买酒账户中存入一瓶酒,您随时可以领取;现在送出的是法国朗格多克产区圣玛杰庄园干红,曾获巴黎农业大赛银奖,送完后会换成其他酒,活动截止日期视本人财力而定。

当这次活动结束后不久,他又在微博上发出一条微博:

袁疆:给大家送个 Pass,凭 Pass 可以直接升级为也买酒的 VIP 用户同时可以领取法国酒一瓶等权益,条件是你必须在也买酒上购买任意一样东西,详情 http://t.cn/hDYfuD 转发本微博并私信给我的前 50 位同学自动获得 pass,50 位后的随机抽取 100 名。

微博营销是趋势，新的方式不断涌现出来，营销策划要针对客户的心理加以分析，知道他需要什么，渴望得到什么，才能把策划做的完美，得到最大的回报。不管是营销个人还是营销企业，微博无疑是目前最好的载体，希望每个人都能在微博上找到自己的位置，把企业营销做好，把个人的魅力也展现出来，立于不败之地的就是你！

微博营销经典案例

Micro-blog marketing case

微博营销经典案例

MICRO-BLOG MARKETING CASE

新浪微博营销经典案例

据权威机构预测，2010年底，中国互联网微博累计活跃注册帐户数将突破6500万个，2011年中将突破1亿，2013年国内微博市场将进入成熟期。无疑，微博会成为未来商战的又一重要战场。

1、地产

①万能微博送房子 25 万人见证"微"力无穷

提要：源于 CRIC 联席执行总裁罗军的一则"以微博之力，助网友购房"的创想，一场"万能微博送房子"的活动在兔年之春的新浪微博掀起高潮。活动首期历时 34 日，总参与人数 252112 人，微博原发、转发近 30 万次，专题累积总浏览量近 200 万次，创下了微博营销历史记录。

活动首期历时 34 日，总参与人数 252112 人，微博原发、转发近 30 万次，专题累积总浏览量近 200 万次，创下了微博营销历史记录。乐居记者同时获悉，目前该第二期助购计划已启动。

"以微博之力助网友购房"

"如果2000人通过微博聚合,每人出100元人民币,通过抽奖,由其中1人独得20万。那么,这位童鞋的购房首付就到位了,一个买房梦瞬间也就实现了,多好啊。这比等政府救济、剥父母血汗、盼彩票得奖都靠谱多了。如何?"这是CRIC联席执行总裁罗军在2011年1月26日发起的购房新思路。在当前全国房价高企,消费者买房成本与日俱增的情况下,罗军的这条微博迅速得到各方积极响应和鼎力支持,"以微博之力,助网友购房"的构思呼之欲出。

30万条转发200万次浏览 新浪微博"微"力无穷

罗军的构思在四天后成为现实。

2011年2月1日,微博史上一个极不寻常的日子。这一天,新浪房产"万能微博送房子,新浪乐居百万助购金计划"正式启动。首期购房启动资金25万元,其中包括1个20万元助购首付大奖、1个1万元助购传播奖、8个5000元买房给力助购奖。网友仅需0元参加团购并在新浪微博上发表自己的"购房梦想",就有机会获得20万的购房首付等四项助购大奖。上千上万次,会有很多人看到并且记住你,最好你的评论观点要独特,能引起别人对你的好感。

于是，新浪微博上掀起一股疯狂转发热潮。

从2月1日至3月6日，历时34日，"万能微博送房子，新浪乐居百万助购金计划"首期活动总参与人数达252112人，活动专题累积总浏览量近200万，活动微博原发、转发近30万次，创下微博史上之最。

3月6日,"万能微博送房子"首期活动开奖在北京金茂府售楼处展开,北京房地产协会秘书长陈志(微博)、北大房地产研究所所长陈国强(博客)、消费者协会新闻与公共事务部副主任冀铁军等与会嘉宾和随机抽取的50名网友,共同见证了过程。根据当日股市指数、知名房企股票价格、参与活动网友总数等多种数据,依据公开的计算法则,最终,来自杭州的幸运网友捧走20万元大奖。

来自杭州的网友捧走20万元大奖

②天上掉下一百万！北京像素3万条转发的背后

提要：兔年之春，一条免费赠送百万房产的微博被转发32968了，评论21629次，彻底火了！而与这条微博一起走红的，是北京朝阳区五里桥的地铁盘——中弘北京像素。该楼盘承诺赠送一套价值100万的北京地铁新房，于是，一场疯狂的转发战揭开序幕。

天上掉下100万 中弘北京像素微博送房子

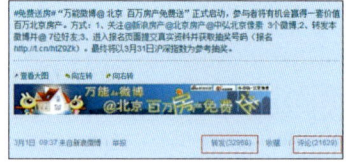

"天上掉下100万，地铁小户型免费送"，3月1日，北京新浪乐居的官方微博上重磅发布了这一条送百万

房产的信息。参赛者只需关注@新浪房产、@北京房产、@中弘北京像素3个微博,填写资料转发并@7位好友,便有机会活动中弘北京像素提供的一套价值100万地铁小户型。

截至3月31日,该微博在一个月内被转发32969次,平均每日有超过1000次转发,评论数达21692次,平均每日有超600个评论。随着这条微博一起火了,还有北京像素的疯狂热销。

中弘北京像素持续热销高踞销售部榜榜首。

在北京,提到中弘北京像素,可能很少有人不知道,因为它曾数度摘取销售冠军的。虽然新政出台后,楼市均呈现颓靡的情况,但北京像素由于属于商改住项目不受新政影响，加上在微博上的疯狂转发，从3月1日到3月14日半个月内，中弘北京像素售出103套房源，在3月前两周住宅的销售排行榜上，住宅中销售量排名第二的楼盘只能卖掉88套。

中弘北京像素获奖者诞生知名度再次打响。

踏入4月，中弘北京像素再一次以重大新闻事件主角的身份闯入网友视野，那便是百万房产获得者诞生，来自重庆的网友@pengsky成为本次活动的幸运儿，成功捧走"天上掉下的100万"。一时间，多家媒体纷纷报道，中弘北京像素的知名度进一步打响。

2、展会

①电子娱乐展览会

E3 是英文 The Electronic Entertainment Expo 头 3 个首字母 E 的组合,中文译名是电子娱乐展览会。它是全球规模最大、知名度最高的互动娱乐展示会,在全球电子娱乐产业中有着至高无上的地位,有评论誉为"电子娱乐界一年一度的奥林匹克盛会"。

E3 大展的官方定义为"制作中的电脑游戏、电视游戏及相关周边发布会"。

多家媒体纷纷报道,中弘北京像素的知名度进一步打响。

主办单位：美国娱乐软件协会

举办时间：6月7日—9日

举办地点：洛杉矶会议中心

E3

推荐该话题给好友

E3是英文The Electronic Entertainment Expo头个首字母E的组合，中文译名是电子娱乐展览会。
E3展会是全球规模最大、知名度最高的互动娱乐展示会，在全球电子娱乐产业中有着至高无上的地位，有评论誉为"电子娱乐界一年一度的奥林匹克盛会"。
E3大展的官方定义为"制作中的电脑游戏、电视游戏及相关周边发布会"。>>详细
【热点关注】任天堂新游戏主机WiiU公布 | 索尼新游戏掌机PS Vita公布
【精彩回顾】索尼E3发布会总结 | 任天堂E3发布会总结 | 微软E3发布会总结

② "ChinaJoy"游戏展

中国国际数码互动娱乐产品及技术应用展览会,简称"ChinaJoy"游戏展,是继美国 E3 展、日本东京电玩展之后的又一同类型互动娱乐大展,尤以网络游戏为主。每年举办一届,众多游戏厂家参展,发布新产品、发放游戏账号与游戏周边、Cosplay 表演,吸引大量游戏爱好者前往。

拍 ChinaJoy,赢智能手机大奖

规则：

1、在现场用手机拍照上传图片到新浪微博，含 #chinajoy# 关键字；

2、当天发布 chinajoy 手机图片数量前 10 名的微博用户中，总转发数最高的微博用户，将获得智能手机一台；

3、照片需本人原创拍摄，凡盗用网络图片者，一经发现，即取消获奖资格 欢迎能去 chinajoy 的脖友踊跃参加！

3、金融

①招商银行

案例名称： 招商银行微博互动营销活动

广 告 主： 招商银行

所属行业： 金融类

执行时间： 2010年3月5日至今

营销背景：

"你的粉丝超过一百,你就好像是本内刊;超过一千,你就是个布告栏;超过一万,你就好像是本杂志;超过十万,你就是一份都市报;超过一百万,你就是一份全国性报纸;超过一千万,你就是电视台,超过一亿,你就是CCTV了。"

随着四大门户将微博作为标配,微博这种新的媒体形式已在中国迅速积累起大量人气,其中,新浪微博在用户数量、社会影响力等多个方面都已经处于国内的领先地位。在此背景之下,招商银行选择了以新浪微博为主,其他门户微博为辅的营销推广新策略。

传播目的:

借助微博这一新媒体,帮助银行与客户之间形成良好的互动交流平台。

借助微博这一相对成本低廉的媒体形式,达到性价比最高的传播推广效果。

营销策略与创意亮点:

目标对象:

关注金融行业动态、对网络应用特别是网上银行较熟练的白领网民。

创意说明:

招商银行在微博上的创意主要分为两类:

一类是日常性的信息发布以及创意互动。包括在特殊的纪念日、节日发布针对性的主题帖,同时还会对招商银行业务本身进行宣传、推广。目前维持每天至少发布两条专门创意的主题微博；

一类是主题性的活动组织。

执行过程：

3月9日至3月11日组织的【关注、转发、评论，三个粉丝一棵树】活动，得到了740条评论，1070次转发，累计有14283名网友参与了活动；

3月20至3月25日组织的【最美丽的黑暗时刻——你如何度过？】活动，得到了578条评论，193次转发；

4月8日组织的【小i邀您参加飞机展】活动，得到了 307 条评论、164 次转发；

4 月 27 日组织的【关注 i 理财】活动，得到了 183 条评论、1356 次转发；

5 月 14 日组织的【城市因您而变得更美好】活动，得到了 293 条评论、1121 条转发；

5 月 18 日组织的【i 理财，爱生活】活动，得到了 108 条评论、247 次转发；

5 月 20 日组织的【招行育乐湾】活动，得到了 124 条评论、185 次转发；

5月25日组织的【招行微博粉丝征名】活动，截至5月27日得到286条评论，并从5月25日活动发布5月27日，粉丝数由26042增长到27314。

活动网站地址：

http://t.sina.com.cn/cmbchina

营销效果与市场反馈：

从2010年3月5日正式启动新浪微博，截至6月11日下午三点，招商银行发布微博450条，得到了29832名粉丝关注，并在持续增长中。

截至2010年5月20日，在新浪微博关注度排行榜中，招商银行在企业微博中排名第三，在银行业内排名第一。

②中国银行

案例名称:中国银行"中银掌上行"的移动无线营销

广 告 主:中国银行

所属行业:金融类

执行时间:2010年9月25日–11月16日

市场背景:

随着移动互联网普及,越来越多的用户更期望用手机享受金融服务。2009年,手机银行竞相发力,炒起了"手机银行"市场的认知度,中行2010年推出的"中银掌上行",期待能抢先占领手机银行市场业务,保持和占领行业内的第一品牌地位。

挑战：

89.1% 的网民知道手机银行，仅有 33.2% 的用户使用过手机银行，使用率较差（来自艾瑞数据）安全、费用是用户关心的首要问题，是使用户从知道到使用这一转化过程中的关键门槛。

2009年 中国网民没有使用手机银行业务的原因

传播目标：

1、教育消费者—行业角度进行手机银行业务普及，打消用户疑虑,虽然之前各家进行手机银行的大力推广,但大多数用户对手机银行的具体能带给他们什么一知半解。

2、确立中行手机银行提前占位—提升中行手机银行品牌知名度打响"中银掌上行"、业务上线告知及优惠活动;提升中行手机银行客户数,手机银行用户开户数增加,业务的直接拉动。

媒体属性分析:

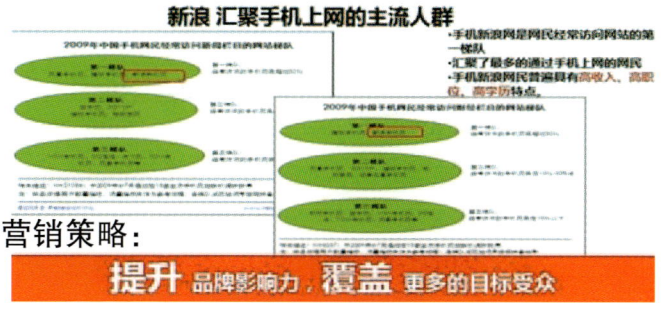

营销策略:

1、以手机 WAP 为主,搭载 minisite 活动平台,互嵌并延展到微博、团购平台。

2、融入时下火爆团购元素、微博互动,使用户快速了解并体验中行手机银行业务。媒体执行及表现:

一、借手机新浪网 WAP 平台,直达移动用户受众

手机新浪网是这次网络营销战略的核心,页面功能齐全,活动互动吸引力强,用户体验较好。通过简单的互动和获取奖品,让网民了解更多中行手机银行安全、功能等信息。

二、融入时下火爆团购元素,将新浪团购首次运用于@AP提供给移动网游,通过"中银掌上型"特别定制团购产品,迅速积累用户受众。

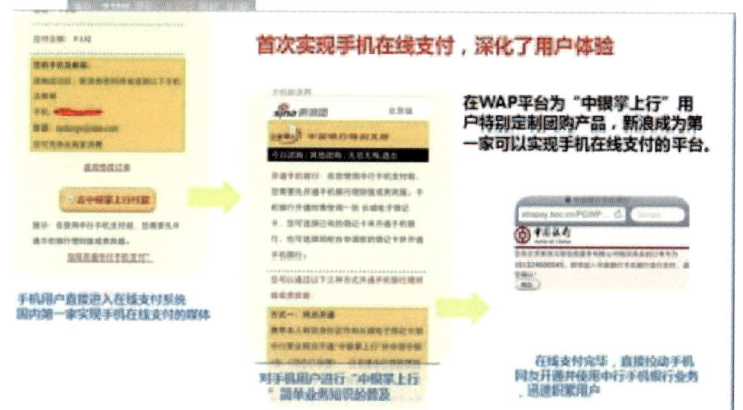

把握新潮营销趋势，小试牛刀，初露锋芒。

在活动后半阶段将新浪团购网平台平移到 wap 平台，将新浪的团购形式首次运用于 wap 并提供给网友开通并使用中行手机银行业务，同事保证了中行手机银行作为支付平台的唯一性，极好的达到了客户提升用户数的目的。

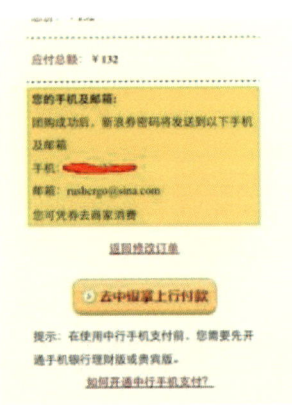

手机用户直接进入在线支付系统,国内第一家实现手机在线支付的媒体

在线支付完毕,直接拉动手机网友开通并使用中行手机银行业务,迅速积累用户。

三、充分利用影响力营销长期阵地的新浪微博,设置话题、通过转发、关注、粉丝等功能进行网友与中行品牌信息知识的互动。

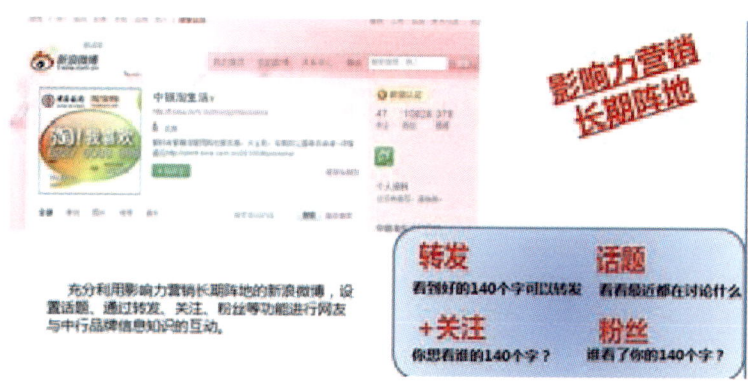

四、活动升级，利用微博、minsite等多重产品，扩大传播。

网址：http://client.sina.com.cn/201009boc/index.php

执行效果及市场评价

1、Minisite 活动效果

2、手机 WAP 活动效果

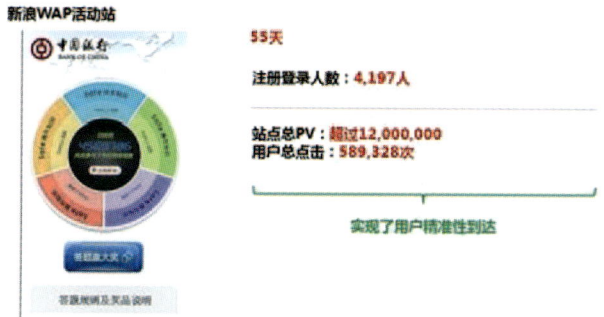

3、总效果

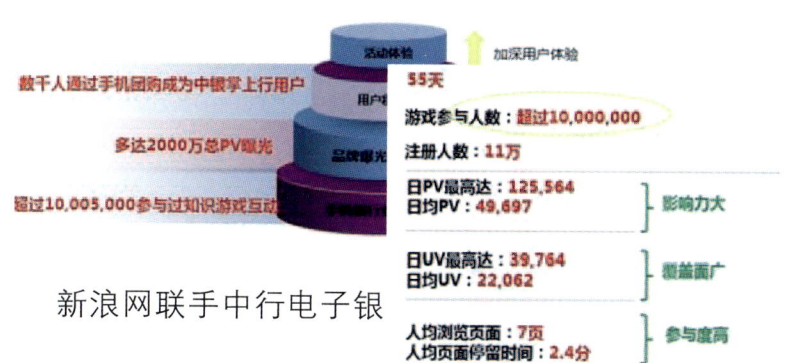

新浪网联手中行电子银

"2010年度中行电子银行知识大挑战",并铺以一系列的电子银行知识教育等丰富多彩的活动,帮助消费者正确了解、认识电子银行,推动电子银行业务健康发展。随着移动互联网的发展,再加上银行本身的覆盖用户的基数。中行电子银行就像媒体一样传播自己的产品和服务,营销即服务,服务即营销。

降低营销成本,拓展市场成为每个广告主的迫切需求。基于移动互联网络的移动营销具有明显的优势,以其低廉的成本,广泛的受众规模成为企业提升竞争力、拓展销售渠道、增加用户规模的新手段,并受到越来越多企业的关注。中行电子银行整合新浪网和手机新浪网(WAP平台)共同推广,对中行电子银行的网银品牌推广,更重要的普及用户网银和手机银行知识;在活动尾声将新浪网团购平台移到手机新浪网

（WAP 平台），由于具有移动终端用户规模大，不受地域、时间限制，移动营销以其快捷、低成本、高覆盖面的特点与优势迎合了时代潮流和用户需求，满足中行电子银行营销需求。

4、汽车

①奔驰 SMART 电子商务行销

2010年9月9日上午,仅仅3小时28分钟,205辆 SMART 在淘宝上就被抢购一空,这不仅仅超过线下售车纪录,也远远超出主办方对这次活动的预期。

奔驰 SMART 电子商务行销的成功归功于微博为企业找到了目标人群,并将促销信息送到了那些有打算购买的准客户手中。优惠的团购价格,时尚的宣传广告,刺激"秒杀"活动既提升了品牌价值,又带来了巨大的销量。

此外奔驰 SMART 营销案例无疑是最能体现微博

营销对企业销售价值的案例之一。著名互联网营销专家唐兴通认为:"微博对于企业运营来说最核心的功能是销售。企业花费大量人力物力进行微博营销最基本的是要带来直接的订单。"3个多小时,205辆的销量,3千多万的销售额,这是之前任何一个汽车厂家和任何一个营销案例都无法达到的效果。

②东风雪铁龙荣获"首届中国微博大会"营销案例大奖

首届中国微博大会暨2011中国新媒体创新盛典近日在北京国家会议中心举行。国家有关部门领导、学者、互联网行业精英齐聚一堂,共同探讨微博的现状与发展。东风雪铁龙作为在中国本土尝试微博营销的先驱企业之一,荣获"微博营销案例大奖"。

回顾东风雪铁龙的网络营销历程,可以清晰地看到东风雪铁龙对新媒体的重视和对新兴互联网产物的大胆尝试,以腾讯微博为例,目前"东风雪铁龙官方微博"拥有超过43万听众,"世嘉_嘉友会"听众更是超过了62万。通过与听众的深入沟通和情感交流,东风雪铁龙正在赢得更多用户的关注和认可。

东风雪铁龙作为国家羽毛球队官方合作伙伴，积极开展体育营销，创新性地把体育营销与微博营销结合在一起。利用腾讯微博平台，开展了一系列微博推广活动，引领了汽车行业的微博营销浪潮。

一、2011成都车展："微博上墙"开创汽车业多个"第一"

这是中国汽车行业的第一次微博营销活动，也是一次在车展上整合线上、线下创造了汽车业内多个"第一"的活动。携手腾讯网，打造主流媒体影响力下的泛关系链营销，为传统的体育营销注入新的激情与活力，并巧妙运用时下流行的"微博上墙"方式拉近品牌、媒体与用户之间距离，实现点对点的沟通与互动。

四线合一,借势传播。以世锦赛热点为主线,突出东风雪铁龙世嘉 2011 的产品个性,用体育营销诠释世嘉品牌 DNA。前期通过"羽球大满贯,赢的力量"话题炒作,借助中国羽毛球队 5 冠王凯旋雄风,发起关于羽球大满贯的热议话题,并进行"世嘉 2011 款上市,赢的力量"转播有礼活动,配合世嘉 2011 款上市造势,吸引网友强力关注这款新车。成都车展期间,在车展现场开展了微博上墙活动,随着活动的逐步展开,东风雪铁龙品牌微博的听众数迅速增加,收集用户线索近万条。

二、新年营销:"微博上天"

在 2010 年元旦至农历新年期间,为传播"冠军世嘉"的品牌口号,用"节日祝福和梦想"的话题,借势元旦和春节两大节日集中的营销时机,根据时间点打造阶段性话题,层层卷入目标受众,引导他们体验"冠军世嘉"的快乐、分享、祝福精神。

第一阶段的北京世贸天阶"微博上天"活动,在线下给网友震撼的体验,被CCTV、日本等境外电视台,以及众多新闻媒体报道。第二阶段引导网友收听"世嘉嘉友会"微博,以三个递进话题传播"冠军世嘉"的品牌调性,持续吸纳关注网民,成为腾讯微博中最火爆的汽车企业微博。

三、话题营销:"冠军是一种生活态度"

在前两次微博营销取得圆满成功后,为了进一步增加微博听众数量,增加微博活跃度,开展了主题为

"冠军是一种生活态度"的世嘉微博营销,制造世嘉#冠军体#病毒营销话题,从冠军生活方式为出发点引导网友自行编写自己的#冠军体#,生成图片发布到Minisite和微博,快速渗透现有品牌听众群,在保证品牌传播的同时也保证了销售线索的获取。

在一系列的活动结束后,东风雪铁龙世嘉微博粉丝数超过60万,通过微博转发的信息内容触及人数超过千万,收集用户线索近万条,达到了在更深层次上与受众互动的目的。

2011年微博已经成为最给力的新媒体,目前微博活跃用户已达2.2至2.4亿,四月底工信部发布的报告显示手机移动用户已经突破了9亿,同时,互联网的增速还是在加快,未来两年微博活跃用户可能会达到 5 亿。微博正在改变着新媒体的格局，改变着传播营销方式，它对社会诸领域的介入和渗透与日俱增，社会影响力日益巨大。东风雪铁龙的微博矩阵和用户之间还会有更多精彩的故事发生。

腾讯微博营销经典案例

①海尔–地球一小时案例

群体智慧,加倍放大公益的声音

活动地址:2011 年 3 月 26 日 20:30—21:30

由 WWF 发起的熄灯一小时活动，为地球的可持续未来祈福。海尔也借助本次活动的影响力，通过微博收集大家对妈妈、地球母亲的祝福，整合微博、SNS 等社会化媒体，积极号召消费者参与这一活动；在海外，运用 Facebook、twitter 等互动媒体平台，在其美国、法国的市场上号召公众加入"地球一小时"公益活动。

官网：http://earthhour.haier.com/

腾讯地球一小时专题：
http://gongyi.qq.com/zt2011/earth_hour/

腾讯微博"海尔地球一小时"话题：
http://t.qq.com/k/ 海尔地球一小时

②一汽奔腾 – 让爱回家案例

微博 +IM 泛关系链,点燃情感营销之火

推广主题:

主打 80 后人群,让爱回家,别让父母的爱成为永远的等待

推广周期:

活动时间:2011-1-17 至 2011-3-10.

项目效果:

#让爱回家#话题 60 万条广播,53 万人点亮"让爱回家"微博勋章

③中粮悦活绿植活动案例

多平台整合,打通用户的关系链

以微博为主活动,将活动主平台、QQ农场、中粮悦活官方微博全面打通。

网友发送悦活话题或邀请好友就能得到绿植娃娃

种子到农场种植,收获果实后即可兑换悦活礼包。

一个月的时间内,悦活官方微博获得24万粉丝,7.5万人发布微博,发送绿植种子200万,8000万人参与种植,实现品牌互动近9亿次,大大提升了品牌的健康形象。

micro-blog marketing case

④乐淘大抢节促销活动案例

微博促销尝试，带来更高转化率

5%的转化率，乐淘大抢节针对腾讯微博在一天内发起全场五折卖鞋行动。

⑤国航春节送机票活动案例

微博节日营销,与网友共鸣

国航联合腾讯微博、财付通推出国航春节送机票活动,参与微博话题讨论并购买国航机票就有机会免单。

46万 活动期间,收听国航官方微博的用户达到46万人次

1.5万 平均每天约有1.5万人次收听国航微博

2万 活动总共带来机票销售2万笔,成交额近40万元。

⑥金龙鱼 3A 智慧团战略合作

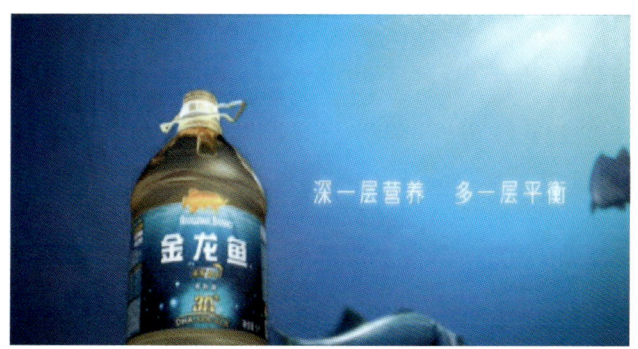

金龙鱼 3A 之智囊团活动背景

活动目的：

金龙鱼希望向考生传播金龙鱼深海鱼油"补脑助力考试"的诉求点，并覆盖更多目标消费者。

合作方式：

双方以资源互换方式合作，金龙鱼在电视广告、平面媒体、店面展板中深度置入微博地址和微博活动信息，腾讯提供活动平台、微博优势推广资源

活动周期：5月20日--7月11日

官方微博：http://t.qq.com/arawana_3a

平台：http://t.qq.com/k/%E8%80%83%E8%AF%95%E5%90%83%E4%BB%80%E4%B9%88%E8%A1%A5%E8%84%91

活动效果：活动一个月内，话题参与数：59191条，微博收听数：70896人

资源互换带来传播效果最大化

⑦宝马借微博打文化牌

BMW 中国文化之旅

推广背景:

2011年BMW文化之旅以"中原文化"为主题的项目上,腾讯与BMW形成全平台战略级合作,利用段暄、刘建宏等5个央视和体育名嘴进行深度合作,分享对中原文化的解读,引发活动的关注,实现了良好的效果。

⑧东风雪铁龙打造微博生态系统

车展、明星代言人与微博联合推新品：世嘉 2011

活动期间，东风雪铁龙官方微博听众增加至 12.5 万

微博预热时间：2010.9.1–2010.9.17

第一阶段　微博话题：#羽球大满贯，赢的力量#

第二阶段　"2011 款世嘉上市，赢的力量"转播有礼活动

线上线下互动:2010.9.17-2010.9.25

第三阶段 成都车展"东风雪铁龙羽毛球挑战赛"微博上墙,参与#挑战林丹#话题活动

结合新春跨年的线下"上墙"

原创广播数:21.5万条

转播数:498万次

话题收听数:1.9万

第一阶段 2010-2011跨年新春(线下)引入北京世贸天阶#把祝福写在天上#,在线下给网友震撼的体验(线上)引导网友收听"嘉友会"

围绕明星代言人发起微博祝福话题

原创广播数:17.2 万条

话题收听数:6.15 万人

勋章点亮:17 万人

嘉友会官方微博听众数增加:45 万,目前超过 60 万

第二阶段:世嘉－嘉友会、"冠军世嘉"系列话题推广

活动时间:2011 年 1 月 1 日 –2011 年 2 月 15 日

话题一:# 冠军世嘉 乐分享 #,参与话题并收听嘉友会网友均可获得勋章

话题二:# 冠军世嘉 圆梦想 #,说出新年梦想并 @ 好友,就有机会获得各种实物大奖

话题三:# 冠军世嘉 送祝福 #

micro—blog marketing case

构建关系链——车友、高管、品牌微博联动

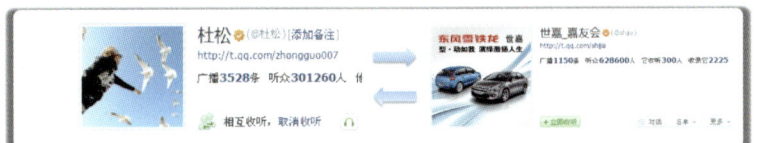

粉粉的微生活

东风雪铁龙市场与对外宣传部广告分部主任杜松以一只"粉粉"的兔公仔为代言,用微博记录下汽车营销感悟、车展相关趣闻、日常生活随拍和经典语录。

品牌与微博资源的整合带来听众持续增长

双方优势资源整合打造意见气候的长期发展

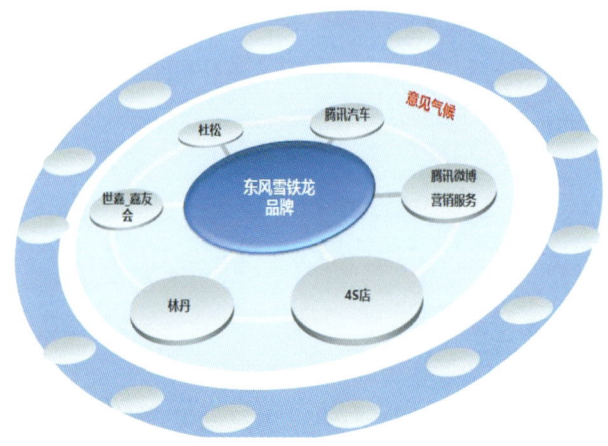

图书在版编目（CIP）数据

玩不转微博：微博使用宝典 / 马剑，许海平著 . —北京：五洲传播出版社，2011.11

ISBN 978-7-5085-2205-0

Ⅰ．①玩… Ⅱ．①马… ②许… Ⅲ．①互联网络－传播媒介－基本知识 Ⅳ．① G206.2

中国版本图书馆 CIP 数据核字（2011）第 204076 号

玩不转微博：微博使用宝典

马剑　许海平　著

责任编辑——邓锦辉　吴娅民　　特约编辑——饶佳荣
插画设计——璐西 Q　　　　　　版式设计——韩萍萍
出版发行——五洲传播出版社
　　　　　（北京海淀区北小马厂 6 号　邮编：100038）
承印者——北京佳信达欣艺术印刷有限公司
版次——2011 年 11 月第 1 版
印次——2011 年 11 月第 1 次印刷
开本——889×1194 毫米　1/32
印张——6.5　字数——75 千字
书号——ISBN 978-7-5085-2205-0
定价——35.00 元